吐魯番學研究叢書

吐魯番學研究院
吐魯番學研究院
吐魯番博物館 編

徐東良 陳玉珍 王 龍 編著

高昌石窟壁畫綫描集 ①

吐峪溝石窟

Line Drawings of the Wall
Paintings in Gaochang:
Tuyuq Caves

上海古籍出版社

序

　　吐峪溝石窟是吐魯番地區開鑿年代最早的石窟群,位處鄯善縣吐峪溝鄉霍加麻紮村北。石窟沿吐峪溝兩側南北長約 500 米的範圍分佈,分東、西二區。據近年考古發掘統計資料,石窟數量應有百餘,其中殘留壁畫者有 16 個。石窟始建於 4 世紀,及至 5~6 世紀之北涼與麴氏高昌時期建寺鑿窟達到頂峰,並成爲皇家寺院。7~12 世紀,唐西州時期、回鶻高昌王國時期,續有開鑿或改鑿洞窟的活動,時名"丁谷寺"。13 世紀以降,隨着伊斯蘭教的傳播而逐漸廢棄。20 世紀初,外國探險隊紛至沓來,盜掠不斷,致使大量珍貴文物流失海外。

　　吐峪溝現存石窟大多爲晉、南北朝、唐代之遺物。從 2010 年以來連續六年對吐峪溝的保護性發掘來看,溝東區和溝西區石窟均是多層式的組群佈局,以禮拜窟爲中心,左右上下開鑿僧房窟、禪窟及其他生活用窟。禮拜窟一般建在最顯著的位置,除了繪有壁畫外,通常在地面鋪磚和抹白灰。石窟的形制和壁畫,反映了龜茲石窟寺和中原石窟造像的影響,是研究吐魯番地區佛教的發展演變以及中西佛教藝術傳播與交融的重要資料,具有重要的學術價值。

　　已故國學大師季羨林先生曾説過:"世界上歷史悠久、地域廣闊、自成體系、影響深遠的文化體系有四個:中國、印度、希臘、伊斯蘭,再没有第五個;而這四個文化體系匯流的地方只有一個,就是中國的敦煌和新疆地區,再没有第二個。"吐魯番是新疆古代文化的一個縮影,匯聚了四大文化的精華,這裏不僅是一個多民族地區,也是一個多宗教地區,大凡在絲綢之路沿綫傳播過的宗教,如薩滿教、祆教、佛教、道教、摩尼教、景教、伊斯蘭教,都曾在吐魯番流行過,只是影響大小與流行時間的長短有所不同而已。就吐峪溝石窟而言,可以説是古代吐魯番佛教文化的典型代表。此外,薩滿教、祆教、摩尼教、景教也曾在這一帶有着不同程度的傳播。石窟南側有著名的吐峪溝麻紮,爲新疆伊斯蘭教聖地之一。麻紮坐落於原來的佛教聖地上,體現了該地區佛教與伊斯蘭教的交替。

　　吐魯番自古以來就是溝通東西方的通道——絲綢之路上的一顆璀璨明珠。在吐魯番西 12 公里處的交河故城溝西臺地上,考古學家採集到了大量舊石器晚期的石器,表明吐魯番在三萬至一萬年前即有遠古人類繁衍生息。2003 年以來,鄯善縣洋海墓地的考古發掘,爲我們揭開了沉睡數千年之久的薩滿巫師的神秘面紗。洋海墓地一號墓地 M21 和 M90 兩墓出土了爲數不少的穿孔人頭骨,説明這是一個靈魂崇拜盛行的原始族群,頭骨穿孔的實施者極有可能就是這個族群的精神領袖——薩滿,也就是漢人通常所謂的巫師,亦即今日維吾爾族、哈薩克族所謂的巴合西、皮爾洪、達罕之屬。可以想見,洋海墓地曾經有薩滿階層存在。

早在張騫"鑿空"西域之前,溝通東西方的道路即已開通,漢代以後,中原通西域的絲綢之路更加活躍起來,吐魯番的地位日益凸現,大批移民湧入,民族成分日益複雜。魏晉時期,一些以商賈爲生的中亞粟特商人開始定居吐魯番盆地,在交河溝西及巴達木、木納爾等地都發現有粟特人墓地。粟特人入居,同時把他們信仰的祆教也一並帶來,這是祆教進入吐魯番的第二個階段。1981 年,吐魯番文管所在吐峪溝發現一處墓地,墓葬中發現了兩個裝殮祆教徒遺骸的納骨器。從吐魯番出土文書看,高昌國設有專門管理和監督祆教的官吏——"薩寶",在官方祭祀活動中,需祀祆教神祇"丁谷天",其地位逐步越居薩滿教之上。

摩尼教在吐魯番的流行始於高昌回鶻,9~10 世紀臻至極盛。回鶻入主高昌初期,仍然保持了漠北時期的制度,宗教信仰上尚未受當地盛行的佛教影響,仍奉摩尼教爲國教,成爲王室的宗教。11 世紀中葉印度學者迦爾迪齊(Abū Saʾid ʿAbd-al-Haiy ibn Dahhākibn Mahmūd Gardīzī)著《紀聞花絮》(Zayn-al-akhbār)記載了高昌回鶻的宗教狀況,稱高昌回鶻王室尊奉摩尼教,但並不排斥其他宗教,景教、祆教和佛教同樣受到優渥待遇。各種宗教和平相處,相互砥礪,共同促進了吐魯番文化的發展。

中古時期的吐魯番,特別是在前伊斯蘭時代,各種宗教大體上是和諧共處的,這主要得益於宗教信仰的自由,無論是中原王朝控制時期,還是地方政權當政期間,都不武斷干涉居民的宗教信仰。這些宗教之間縱然偶有摩擦、衝撞,也主要體現在新來宗教給舊有宗教產生一種衝擊,造成舊有宗教的恐慌和不安,但這種不安情緒很快會消失,隨之而來的是各安其狀,甚或互相吸收對方精華的思想,借以彌補自己宗教理論體系之不足。

漢唐時期的吐魯番,統治者主要爲來自中原或河西的漢人,宗教政策十分寬鬆。在每年某個相對固定的時間,政府會主持盛大的祭祀活動,並派大批官員參加,祈求風調雨順、國泰民安。祭祀的神靈有自然神,主祭者很有可能是薩滿,而祆教神靈的祭祀當然由西域胡商的宗教領袖"薩寶"來主持。在這些祭祀活動中,薩滿教與祆教相得益彰,其樂融融。

從漢文資料來看,高昌郡時期(327～460)的佛教,在某些方面還依附於中原地區的民間信仰和道教。吐魯番文書中常常出現"道人"一詞,實際上指的不是道教人物,而是佛教僧侶。佛教梵宇在高昌郡時期被稱作"祠",歷經闞氏、張氏、馬氏高昌國時期,由"祠"向"寺"演變,至麴氏高昌國時(499～640),已全部唤作"寺"了。4世紀末至6世紀初這一階段的隨葬衣物疏,不無道教思想的濡染。6世紀中葉,佛教輪回思想開始在衣物疏中出現,道教與佛教得以互相滲透、融合。

高昌回鶻前期,回鶻王室主要信奉摩尼教,在高昌城修建了規模宏大的摩尼教寺院,城內還出土了大量摩尼教文書。此外,在柏孜克里克石窟,也有部分佛教洞窟被改造爲摩尼教洞窟,繪上摩尼教的壁畫。最典型的莫過於第38窟:該窟原爲佛教洞窟,當回鶻人西遷後纔被改造成摩尼教窟,後來,隨着摩尼教的衰落,該窟再改回佛教窟。在吐魯番高昌故城α遺址出土有一幅摩尼教繪畫,畫中人物均爲印度教諸神,如梵天、毗濕奴、濕婆以及訛尼沙。儘管這些畫像的具體內容尚待進一步探討,但有一點是毋庸置疑的,即摩尼教在汲取佛教營養的同時,也吸納了印度教藝術的成分,印度教的這些大神一躍成爲摩尼教的神祇。

高昌回鶻時期的景教遺存,主要有高昌故城和葡萄溝附近的水旁遺址。兩地出土了不少景教壁畫和用敘利亞文、粟特文、中古波斯文、回鶻文書寫的景教典籍殘葉,比較著名的有回鶻文《聖喬治殉難記》《巫師的崇拜》和敘利亞文、粟特文的景教祈禱書斷片等。這些都是唐宋元時代的遺物,有些文獻甚至可能早到6世紀中期。總之,吐魯番地區當時應該是景教的一個中心。

在吐魯番盆地,曾經流行過薩滿教、祆教、佛教、道教、景教、摩尼教和伊斯蘭教。這些宗教,除了薩滿教爲地產外,其餘均爲外來宗教,它們隨着絲綢之路的開通及繁榮,被不同的民族與政權攜帶而來,並生根發芽,蓬勃發展。不同的宗教相繼經歷了世俗化、本土化及民族化的進程,從而滲透到社會生活的各個層面,影響到人們的衣食住行和婚喪嫁娶,成爲人們精神生活不可缺失的一部分。在吐魯番歷史上,尤其是在高昌回鶻時期,多種宗教並行不悖,彼此吸收、共同發展,這可以説是吐魯番古代宗教信仰的一大特色。

隨着時光的推移,大部分宗教都湮没於歷史塵埃之中。14世紀末,東察合台汗國第三任可汗黑的兒火者武力征服吐魯番,强迫當地佛教徒皈依伊斯蘭教,這是吐魯番盆地有史以來最大的一次宗教衝突。此舉導致佛教在吐魯番從此一蹶不振,伊斯蘭教成爲盆地內的主體性宗教。但佛教的一些建築及裝飾形式,卻被後來的伊斯蘭教承襲,薩滿教的遺俗也頑强地殘留於今日維吾爾人的生活當中。除此之外,吐魯番盆地留下的諸多宗教遺址、宗教藝術品和多種語言的宗教文書,都成爲世人參覽、遙想、追思和研究的物件；這筆珍貴的物質和精神財富，也會給人們帶來更多的歷史啓迪！

　　作爲吐魯番古代文化的典型代表與縮影，吐峪溝石窟承載着豐富的歷史文化内涵，值得深入研究。但由於自然的侵蝕和人爲的破壞，今天的吐峪溝石窟幸存壁畫甚少，而且大多模糊不清。爲了能夠盡可能全面真實地保存現存壁畫的豐富歷史信息，吐魯番學研究院的同仁不辭辛勞，孜孜矻矻，窮其心智，臨摹了相當多的石窟藝術作品，並精選其中具有重要參考價值和文物保護價值的綫描圖，裒爲一輯，編成《高昌石窟壁畫綫描集・吐峪溝石窟》。著名敦煌藝術專家段文傑先生嘗言，臨摹絶非“一般人所謂比着葫蘆畫瓢的技術操作，而是一門值得深入探討的學問”。質言之，臨摹本身就是對古代藝術由表及裏的深入研究。本書所收均爲臨本之精品，不僅忠實於原作，而且用筆圓熟，畫面準確，綫條優美，再現了古代吐魯番的歷史文化風貌和偉大的藝術創造力。

　　綫描圖集出版在即，編著者索序於我。石窟藝術本非個人所長，但翻閱圖集，卻不無感想，油然而生敬意，故爰贅數語，意在祝賀，同時向學界推薦，冀以推進吐魯番學的快速發展，和敦煌學比翼齊飛。

　　　　　　　　　　　　　　　　　　　　　　　　　　　楊富學

　　　　　　　　　　　　　　　　　　　　　　　　　2016 年 10 月 9 日

目　録

圖版目録

吐峪溝東區第 31 窟

吐峪溝東區第 32 窟

吐峪溝東區第 50 窟

吐峪溝西區第 2 窟

吐峪溝西區禮拜窟 1

吐峪溝西區禮拜窟 2

概　　述

　　吐峪溝石窟位於新疆維吾爾自治區吐魯番市東約60公里,鄯善縣吐峪溝鄉吐峪溝麻恷村。地理座標:東經89°41′39″～89°41′40″,北緯42°51′50″～42°51′51″。西南距高昌故城約10餘公里,西距柏孜克里克石窟約20公里,東南距柳中故城約15公里,是新疆境内最東的一處石窟群,是高昌、也是古代絲綢之路上一處重要的佛教遺跡。這裏溝谷兩岸石壁峭立,沙坡斜倚,溝水穿谷,洞窟就鑲嵌在兩岸的半山腰中,疊嶂相錯,鱗次櫛比。當地人們將溝東區稱爲"kün tima"("太陽壁"的意思),溝西區稱爲"ay tima"

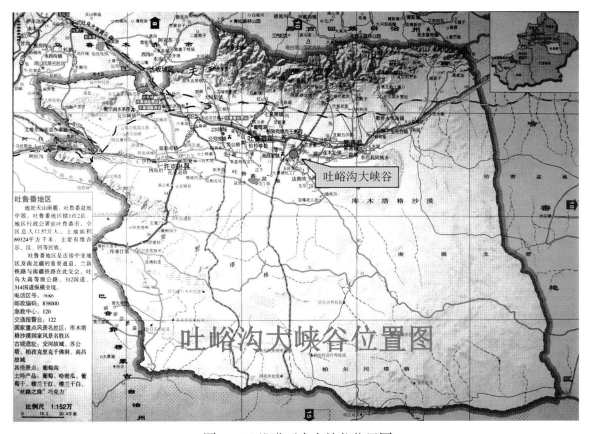

圖一　吐峪溝石窟大峽谷位置圖

（"月亮壁"的意思）。在溝西區有古代僧徒留存的一條小路，通過這條小路可以爬上懸崖上的寺廟，當地人們把這條小路稱爲"kirik bir tatma"（"四十一臺階"之意）。吐峪溝石窟的昌盛與衰微都與高昌政權的存亡關係甚密，對研究我國古代石窟的發展演變具有重要的意義。

　　由於地理位置的重要性，故對吐峪溝石窟的研究，不僅對高昌佛教的研究價值很高，而且對西域佛教與中原佛教及其藝術關係的研究都具有重大的意義。高昌作爲古代西域的重鎮，其政治文化與河西、龜兹息息相關。十六國時高昌爲河西各割據政權統轄，也是匈奴人沮渠蒙遜建立北涼政權的重要一郡，派重臣駐守。公元 442 年後，這裏又成爲北涼的首府。北涼尊奉佛教，以佛教作爲其統治思想，因而在境內修寺、鑿窟、起塔、造像，大力推行佛教，高昌當然也不例外。佛教迅速發展，進入了高昌佛教史上的第一個興盛期。6 世紀初河西金城人麴堅在吐魯番建立王國，史稱麴氏高昌，這一時期經濟文化發達，絲路貿易興旺，佛教依然盛行不衰，寺院、佛塔林立，吐峪溝石窟自然就成爲高昌的重要佛教中心。

　　吐峪溝石窟還出土了吐魯番現知最早的佛經抄本《諸佛要集經》殘葉，同時，也發現了北涼建都高昌時期的王——沮渠安周所寫供養經。近年來，吐魯番古墓葬也出土了一些有關"丁谷寺"的文書，所提到的年代大多爲公元 5～7 世紀，更能説明這一時期是吐峪溝石窟的繁盛期。回鶻人曾經維修和重建過一些洞窟和寺院，但後來遭到十分嚴重的破壞，至今僅有少量痕跡。可以説，吐峪溝石窟是吐魯番地區目前已知開鑿年代最早的石窟群。這裏也曾經是中原佛教文化與西域文化最早交匯的地區，還是新疆古代三大佛教中心之一。吐峪溝石窟現存的壁畫，是我國佛教及其藝術發展史上的珍貴遺

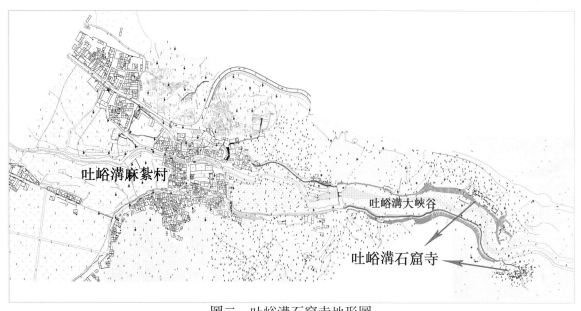

圖二　吐峪溝石窟寺地形圖

産,不僅是研究高昌佛教真實可靠的資料,而且對研究公元 5～6 世紀我國佛教及其藝術的發展都有重要的參考價值。

據敦煌莫高窟發現的唐代文獻《西州圖經》記載:"丁谷窟有寺一所,並有禪院一所。……寺基依山構,揆巘疏階,雁塔飛空,虹梁飲漢,巖巒紛糺,叢薄阡眠,既切煙雲,亦虧星月。上則危峰迢遞,下則輕溜潺湲。實仙居之勝地,諒棲靈之秘域。見有名額,僧徒居焉。"①從這些記載來看,唐代的吐峪溝石窟雖仍在使用,但卻僅有寺院和禪院各一座,這與現今考古發掘所獲信息非常不符。根據壁畫風格判斷,該石窟群的始建年代應在晉設高昌郡時代②。南北朝至唐初,成爲高昌王國最高統治集團全力經營的佛教重地之一。新近的考古發現表明,高昌回鶻時期,吐峪溝石窟仍繼續使用,且規模有所擴大③。如 2016 年考古發掘出的一座石窟就是一典型的例證。據現存情況來看,石窟壁繪有兩層壁畫,石窟滿壁貼金箔,並大量運用了價格昂貴的青金石繪製,給人一種氣勢磅礴、金碧輝煌之感。1928 年黃文弼先生在吐峪溝溝口拓得一塊回鶻文石碑,即《安姓僧和土都木薩里在高昌國吐峪溝重修寺院碑》一紙,碑文載:"由於寺院圮毀無主,我安姓僧(和)我土都木薩里(把該寺院)加以修整,使其重新成爲一座寺院……"這一記載說明當時的吐峪溝石窟已經"圮毀無主"。而在回鶻高昌建立之後,由於統治階層推崇佛教,佛教信仰熱潮又一次在回鶻蔓延,石窟得以重新整修創建。約 15 世紀,佛教被伊斯蘭教所取代,洞窟也隨之廢棄。

一、吐峪溝石窟群歷次考古調查情況

對吐峪溝石窟群進行考古學上的調查,始於 1879 年俄國植物學家雷格爾(A. Regel),他率先到吐峪溝進行調查測繪④。1893 年至 1895 年又有俄國中亞考察隊羅伯洛夫斯基(V. I. Roborovsky)、科茲洛夫(P. K. Kozlov)到吐峪溝考察,帶走了一批漢文、回鶻文文書和佛教遺物⑤。1897 年俄國考古學家克列門兹(D. A. Klementz)從吐峪溝石窟盜取了大量的壁畫、手稿和刻印文書等,其成果刊佈於《1898 年聖彼得堡俄國科學院

①　敦煌文書 P. 2009《西州圖經》山窟二院條。

②　閻文儒:《新疆天山以南的石窟》,《文物》1962 年第 7～8 期,第 58 頁。

③　中國社科院考古所、吐魯番學研究院、龜茲研究院:《新疆鄯善縣吐峪溝西區北側石窟發掘簡報》,《考古》2012 年第 1 期,第 22 頁。

④　[俄]雷格爾:《吐魯番探察記》,《佩特曼地理月報》,1879 年。

⑤　[俄]羅伯洛夫斯基:《俄國地理學會組織的中亞考察團之作業》,彼得堡,1902 年;《新疆鄯善縣吐峪溝東區北側石窟發掘簡報》,《考古》2012 年第 1 期。

圖三　吐峪溝石窟外景

吐魯番考察報告》①。1903 年日本大谷光瑞探險隊的橘瑞超和野村榮三郎從吐峪溝盜
走一批佛經,包括著名的漢文西晉元康六年(296)竺法護譯《諸佛要集經》寫本殘片②。
1904 年德國普魯士皇家第一次新疆考察隊成員勒柯克(A. Von. Le. Coq)在吐峪溝考
察時,進行了測量、繪圖、拍攝、發掘等工作,發現了大量極爲珍貴的漢文、回鶻文、藏文
文書及繪畫等;此外還有佛像、絲織品、刺繡品和舍利盒等各種遺物③。1906 年底至
1907 年初,葛倫威德爾(Albert Grünwedel)率領德國第三次新疆考察隊(即普魯士皇家
第二次新疆考察隊)在吐峪溝石窟停留了 12 天,進行了詳細的測繪、拍攝、臨摹④。

①　D. A. Klementz, *Nachrichten uber die vonder K aiserlichen A kademie der Wissenschaften zu
St. Petersburg in Jahre 1898 ausgerustete Expedition nach Turfan* , St. Petersburg,1899.

②　[日]香川默識編:《西域考古圖譜》(上、下),東京:國華社,1916 年;[日]上原芳太郎編:《新
西域記》(上、下),東京:有光社,1937 年;中國社會科學院考古研究所邊疆民族考古研究室、吐魯番
學研究院、龜兹研究院:《新疆鄯善縣吐峪溝東區北側石窟發掘簡報》,《考古》2012 年第 1 期;[日]宮
治昭著,賀小萍譯:《吐峪溝石窟壁畫與禪觀》,上海:上海古籍出版社,2009 年。

③　[德]勒柯克著,趙崇民譯:《高昌——吐魯番古代藝術珍品》,烏魯木齊:新疆人民出版社,
1998 年,第 41~43 頁;勒柯克著,陳海濤譯:《新疆的地下文化寶藏》,烏魯木齊:新疆人民出版社,
1999 年,第 87~90 頁。

④　[德]葛倫威德爾著,趙崇民、巫新華譯:《新疆古佛寺——1905~1907 年考察成果》,北京:
中國人民大學出版社,2007 年,第 581~610 頁。

1907 年,日本大谷光瑞探險隊的橘瑞超和野村榮三郎再次來到吐峪溝,從吐峪溝 20 處洞窟中盜掠大批文書、佛像、刻花磚等遺物①。同年,英國斯坦因也到吐峪溝石窟測繪考察②。1908 年,野村榮三郎第三次到吐峪溝,竊取了大量的文書;1912 年吉川小一郎也到此地盜取文物③。日本大谷光瑞探險隊從吐峪溝竊取的文物刊佈於香川默識《西域考古圖譜》④。1910 年,俄國科學院院士奧登堡(S. F. Oldenburg)考察了吐峪溝石窟⑤。1912 年,奧登堡帶領的探險隊抵至吐峪溝考察⑥。1914 年,日本大谷探險隊再次踏至⑦。同年,斯坦因第三次探險,在吐峪溝石窟進行詳細的測量、拍攝、繪圖和發掘,獲得了很大的進展,"找到了不少好看的壁畫和塑像殘片",並帶走了一批珍貴的漢文、回鶻文寫本和壁畫⑧。通過各國探險隊的調查,許多漢文、回鶻文、梵文、藏文、婆羅謎文等各語種的經典、文書,以及壁畫、泥塑、木雕造像、絹本、麻本繪畫、刺繡、絹織物等分別被運往各國。以前對吐峪溝石窟的關注,主要就是在這些被運往各國的經典、文書以及美術品上。

我國學者對吐峪溝石窟的調查,始於 1928 年,當時中瑞西北科學考察團成員黃文弼先生首抵吐峪溝考察⑨;1930 年,他第二次到訪。接着於 1953 年,西北文化局新疆文物調查組對吐峪溝石窟進行了考察,這是新中國成立之後第一次由政府組織的調查⑩。1957 年吐峪溝石窟被列入新疆維吾爾自治區的首批文物保護單位。1961 年,北京大學閻文儒教授與通一法師受中國佛教協會委託,對吐峪溝石窟進行了較爲詳細的調查⑪。

---

①　[日]大谷光瑞等:《新西域記》,東京。

②　A. Stein, *Detailed Report of Explorations in Central Asia and Westernmost China*, Vol. 3, pp. 1159~1176, Oxford, 1921.

③　[日]香川默識編:《西域考古圖譜》(上、下),東京:國華社,1916 年;[日]上原芳太郎編:《新西域記》(上、下),東京:有光社,1937 年;中國社會科學院考古研究所邊疆民族考古研究室、吐魯番學研究院、龜茲研究院:《新疆鄯善縣吐峪溝石窟寺遺址》,《考古》2011 年第 7 期。

④　[日]香川默識:《西域考古圖譜》,東京:國華社,1916 年。

⑤　S. F. Oldenburg, *Russkaya Turkestanskaya Ekspeditsiya*, 1914.

⑥　中國社會科學院考古研究所邊疆民族考古研究室、吐魯番學研究院、龜茲研究院:《新疆鄯善縣吐峪溝石窟寺遺址》,《考古》2011 年第 7 期。

⑦　[日]香川默識編:《西域考古圖譜》(上、下),東京:國華社,1916 年;[日]上原芳太郎編:《新西域記》(上、下),東京:有光社,1937 年。

⑧　A. Stein, *Innermost Asia, Detailed Report of Explorations in Central Asia, Kan-Su and Eastern Iran*, Vol. 2 pp. 710~718, Oxford, 1928. 向達譯:《斯坦因西域考古記》,1908 年。

⑨　近年日本學者也對黃文弼扎實的調查評價很高。但遺憾的是他在吐峪溝(葡萄溝)只參觀了半天,没作詳細的調查(土居淑子譯:《トルファン考古記》,東京:恒文社,1994 年)。

⑩　武伯倫:《新疆天山南路的文物調查》,《文物參考資料》1954 年第 10 期。

⑪　閻文儒:《新疆天山以南的石窟》,《文物》1962 年第 7、8 期。

1962 年,新疆維吾爾自治區政府將吐峪溝石窟公佈爲自治區重點文物保護單位。1965年吐魯番地區文管所成立後,對該石窟群採取維修、裝門、編號等一系列保護措施,並派專人負責吐峪溝的日常巡護工作。2006 年,吐峪溝石窟被國務院公佈爲第六批國家級重點文物保護單位,同年,被列入絲綢之路申報世界文化遺產的預備名單。爲了配合絲綢之路申遺和吐峪溝崖體加固工程,經國家文物局批准,於 2010 年春季,由中國社會科學院考古研究所邊疆民族考古研究室、吐魯番學研究院和龜兹研究院聯合對吐峪溝石窟進行發掘清理。此次發掘面積 2500 平方米,共發掘清理洞窟 50 餘處,除洞窟之外,還清理出許多重要的窟前遺跡,包括窟前殿堂、門道、地面、踏步等,新發現的壁畫面積約 200 平方米,出土了數量相當多的多種語言文字的文書殘片,還有絹畫、木器、石器、陶器等,收穫頗豐。此外並對溝西區北側進行了重點調查①。緊接着於 2010 年冬季和 2011 年春季對溝西區北側進行了發掘,兩次發掘共清理出洞窟 14 處,還發現了一處上山踏步。另外,還發現了較大面積的精美壁畫、題記,以及數量相當多的紙質文書、建築木構件等(2010～2011 年吐峪溝考古發掘即吐峪溝石窟寺遺址第一期保護性考古發掘)②。2013 年 4 月,啓動吐峪溝石窟寺第二期保護性考古發掘,此次發掘面積爲 500平方米,發掘區域主要集中在吐峪溝溝口的地面佛寺,以及吐峪溝石窟寺西岸石窟群北部。此次發掘出土了大量壁畫殘片,並清理出中心回廊柱和一座圓形塔,以及大量僧房窟、禪窟等洞窟遺址。2015 年 10 月,對西區石窟群進行考古發掘,清理出 20 餘個石窟,出土有不少壁畫和各種漢文、回鶻文等文物。2016 年 4～5 月,對西區石窟群再次進行考古發掘,此次發掘中有兩個洞窟的壁畫十分精美,其中一個洞窟壁畫保存較好,從現存痕跡來看,有兩層壁畫,表層繪畫大量運用了青金石,並滿壁貼金,整個洞窟看起來金光燦燦,富麗堂皇,疑爲高昌回鶻王族供養洞窟;另一個洞窟應爲中心柱窟,其前室、左甬道以及中心柱均已坍塌,現僅殘存右甬道及後甬道壁畫,殘存壁畫的内容主要应爲"降魔變"。

二、吐峪溝石窟群編號情況

1907 年,英人斯坦因在吐峪溝石窟探險調查時,曾對部分石窟進行編號;德國學者葛倫威德爾也對部分洞窟做過編號。1953 年西北文化局新疆文物調察組調查吐峪溝石

①　中國社會科學院考古研究所邊疆民族考古研究室、吐魯番學研究院、龜兹研究院:《新疆鄯善縣吐峪溝東區北側石窟發掘簡報》,《考古》2012 年第 1 期。
②　中國社會科學院考古研究所邊疆民族考古研究室、吐魯番學研究院、龜兹研究院:《新疆鄯善縣吐峪溝西區北側石窟發掘簡報》,《考古》2012 年第 1 期。

圖四　吐峪溝石窟東區全貌

圖五　吐峪溝石窟西區全貌

圖六　吐峪溝西區鳥瞰圖

窟，對94個洞窟做了編號①，惜由於各種水利工程、地震等自然與人爲破壞因素，現已大部分坍塌。20世紀90年代，吐魯番文物局在斯坦因編號的基礎上，對吐峪溝西區石窟

---

①　武伯倫：《新疆天山南路的文物調查》，《文物參考資料》1954年第10期。

由南向北進行編號,再對溝東石窟由北向南進行編號,共編 46 個洞窟①,溝東區有 21 個(第 26～46 窟)窟,溝西區有 25 個窟(第 1～25 窟)。其中有 9 個洞窟殘留部分壁畫②。但吐魯番文管所的這套編號並未正式對外公佈。2010 年開始中國社科院考古所、吐魯番學研究院、龜兹研究院聯合對吐峪溝石窟進行考古發掘,對溝東區重新編號,編號後的洞窟增至 56 個,考慮到洞窟組合關係,以及未來溝東區南部石窟繼續編號等因素,新編號採取由北到南、由高到低的順序依次編號③。2011 年至 2016 年對吐峪溝石窟群進行了四次考古發掘④,這次的考古發掘已將吐峪溝石窟群整體清理完畢,清理後的西區共有 60 餘個洞窟,但因報告還在整理中,西區石窟的正式編號還未公佈。目前,溝東區石窟我們使用中國社科院、吐魯番學研究院和龜兹研究院考古發掘的最新編號;溝西區石窟因新編號還未正式公佈,仍沿用《中國新疆壁畫全集》的編號。詳見下表:

吐峪溝石窟編號對照表

《中國新疆壁畫全集》	《中國美術全集》	葛倫威德爾	斯坦因	新編號
第 1 窟				現已坍塌
第 2 窟	谷西區第 2 窟			
第 12 窟	谷西區第 3 窟	西崖大寺 A	Ⅳ～Ⅴ	
第 20 窟	谷西區第 4 窟	西崖大寺 B4		
第 22 窟			Ⅳ～Ⅶ	NK10
				NK2
		克列門兹第 6 窟		
		克列門兹第 38 窟		現已不存
			Ⅵ	K18?
第 38 窟	谷東區第 2 窟	木齊林達龍王窟		K27
第 40 窟		修行禪窟 3		K30
第 41 窟	谷東區第 4 窟	修行禪窟 2		K31
第 42 窟	谷東區第 5 窟	修行禪窟 4		K32
				K36～K38
第 44 窟	谷東區第 6 窟			K50

① 賈應逸:《吐峪溝石窟探微》,《新疆藝術》編輯部編《絲綢之路造型藝術》,烏魯木齊:新疆人民出版社,1985 年;[日]須藤弘敏譯作《吐峪溝石窟考》,《佛教藝術》186 號,1989 年。

② [日]宮治昭著,賀小萍譯:《吐峪溝石窟壁畫與禪觀》一書中統計爲 15 個有壁畫裝飾窟。

③ 中國社會科學院考古研究所邊疆民族考古研究室、吐魯番學研究院、龜兹研究院:《新疆鄯善縣吐峪溝東區北側石窟發掘簡報》,《考古》2012 年第 1 期,第 7～16 頁。

④ 中國社會科學院考古研究所邊疆民族考古研究室、吐魯番學研究院、龜兹研究院:《新疆鄯善縣吐峪溝西區北側石窟發掘簡報》,《考古》2012 年第 1 期,第 17～22 頁。

三、現存石窟壁畫

　　吐峪溝石窟群洞窟排列整齊有序,溝西區第 1 號窟和 2 號窟緊緊相連,位於溝口附近的水渠旁,第 1 號窟現已全部坍塌;第 2 號窟坍塌嚴重,但仍有少量壁畫。第 3～5 窟在半山腰中,沒有壁畫。第 25 窟位於溝谷深處拐角的半山腰中。沿着昔日的"疏階"攀登而上,可達半山腰一開闊地帶,這裏是古代一處大型佛教遺址,可能就是《西州圖經》中記載的"仙居勝地",可惜寺牆倒塌,僅存殿堂、基座等痕跡還可辨認。背靠山峰散佈的洞窟,沿山勢起伏,錯落有致,其中第 12、20、22(NK10)號等洞窟保存有壁畫。溝東的洞窟比較集中,但曾遭受嚴重的地震災害。其中第 27 窟(《中國新疆壁畫全集》編爲 38 窟)最引人注目,在窟外的頂部鑿一圓錐形塔,比較壯觀。相近的第 30 窟(《中國新疆壁畫全集》編爲 40 窟)、31 窟(《中國新疆壁畫全集》編爲 41 窟)、32 窟(《中國新疆壁畫全集》編爲 42 窟)是一個組合,還有山岩上保存較好的 50 窟(《中國新疆壁畫全集》編爲 44 窟),都是吐峪溝石窟群現存重要的洞窟。壁畫內容主要有佛説法圖、千佛圖、本生圖、因緣故事圖、三尊像等題材,其中的淨土圖、淨土觀想圖、不淨觀想圖等爲特色主題。另外,作爲裝飾紋樣,蓮花紋、忍冬系植物紋、聯珠紋、豬頭聯珠紋等尤爲引人注目。其中殘存壁畫的洞窟有第 1、2、12、20、22(NK10)、27(K38)、30(K40)、31(K41)、32(K42)、50(K44)等窟,另有東區新編 K18、東區新編 K36～K38、西區臨時編號 NK2 等窟,以及降魔變窟、禮拜窟等 3 個目前還未編號的洞窟。

　　溝西區北側殘存壁畫的洞窟有:

　　第 1 窟(現已坍塌)

　　第 1 窟位於谷口附近,呈長方形平面券形頂窟,正壁開後室,左右側壁分別開兩個側室。側壁無殘存壁畫,呈半圓形狀的後室入口上部繪方形四方連續圖案,該圖案周圍以戲水鳥、漂浮蓮花的水爲題材分隔每一個單位紋樣。每個單位紋樣內都表現簡單的淨土圖,幾乎是反復繪着同樣的圖案。下方表示水池,水池中央生長一棵枝葉繁茂、形狀圓且大的樹木,在圓形樹葉處以紅色加繪圓或三角紋樣,並以金箔表現花。樹左右相對稱的位置,分別繪有一含苞欲放的蓮花或從半開蓮花中探頭窺視的化生童子,化生童子均有紅色頭光。殘存壁畫周圍坍塌嚴重,幸喜還可辨認出這些方形圖案爲縱七段、橫七列組成的方形格。在方形格與格之間的帶狀區有墨綫繪製的漩渦形水波紋,其間畫有水鳥、貝、蓮花以及淡青色的水波紋。晁華山先生認爲,這種圖案表示生命之樹,屬於摩尼教內容[①]。而霍旭初、宮治昭、葛倫威德爾等先生指出,此幅

---

　　① 晁華山:《尋覓淹没千年的東方摩尼寺》,《中國文化》第 8 期,第 1～20 頁。

壁畫内容表現的是阿彌陀淨土①。我們也贊同霍先生等人的觀點,認爲表現了《阿彌陀經》講的"七重行樹"、"七重行樹列"之意。同類圖案在第 20 窟、第 32 窟(K42)、克列門兹第 38 窟的正壁也能見到,不過保存狀態最好、極爲典型者應屬第 1 窟。

第 2 窟(現已坍塌)

中心柱窟,與第 1 窟緊緊相連。塔柱正壁龕内的塑像早已無存,僅剩佛頭和背光,折射式火焰紋内滿佈小千佛。洞窟四壁滿繪禪定千佛,披通肩式袈裟,坐蓮上,以赭、石綠、赭、石青形成斜視色光。

第 12 窟

中心柱窟,窟前、後室、甬道頂均繪斗四式平棊圖案,平棊由兩重疊套而成,中間是一朵大蓮花,運用暈染法表現出飽滿的蓮子和花瓣的方向。斗四内填正反相間的蔓藤忍冬紋、方格六瓣花紋和葡萄樣紋飾,四岔角飾蓮蕾和圓形蓮蓬。整個平棊圖案綫條流暢,富有動感。洞窟四壁繪一佛二菩薩的説法圖,後室後壁共有四排,每排五幅。兩甬道外側壁殘存兩排,每排三幅。畫面中央的佛内穿僧祇衣,外披袈裟,手作禪定、説法等各種印記,趺坐於菩提樹下蓮花座之上;兩側菩薩侍立,菩薩頭髮結戴寶冠,上身披帛,配環釧瓔珞,腰繫裙,立於蓮座之上。菩薩身姿呈倒"S"形,手或捧花或持瓶或托盤或合十,做供養狀。

第 20 窟

縱券頂長方形窟,該窟位於斯坦因Ⅳ–Ⅶ窟的附近,它不僅在西崖石窟群中,而且在整個吐峪溝石窟中也佔有重要地位。石窟爲磚砌建築物,寬 2.8 米、進深 3.9 米、高 2.5 米,爲券形頂長方形平面洞窟,開後室。第 20 窟不僅殘存以禪觀爲内容的壁畫,更重要的是在壁畫旁還有漢文題記。

正壁中央的壁畫中,可看出由寶樹、蓮花、蓮池等組成方形四方連續圖案狀的阿彌陀淨土圖。正壁右下角的禪觀僧觀想樹木間有帶狀式的上下水流景觀,這與《觀經》第五觀中"八功德水想(寶池觀)"描述的"其摩尼水,流注華間,尋樹上下,其聲微妙,演説苦、空、無常、無我諸波羅蜜"②的内容相應。

窟頂爲白灰壁,左右兩側壁上部分別畫三身富於旋律感的正在撒花的飛天。左側表現月亮,右側似爲太陽。

左、右側壁繪乘鳥獸座等各種坐騎飛來的禪定僧,可以推測該圖源於須摩提女因緣

---

① 霍旭初:《善導與唐西州阿彌陀淨土信仰》,《吐魯番學研究》2008 年第 1 期;[日]宮治昭著,賀小萍譯:《吐峪溝石窟壁畫與禪觀》,第 11～12 頁;A Grünwedel,Kultstätten,Berlin,1912,p. 320.
② CBETA 電子佛典《佛説觀無量壽經卷一》。

故事。左側壁中、下段並排繪觀想淨土諸要素的禪觀僧,内容表現了《觀經》中所講十三觀中的觀想圖,如觀想樓閣、樂器的"寶樓觀(總觀想)",觀想嵌滿寶石琉璃大地的"琉璃觀(地想觀)",觀想寶石花、葉的"樹想(行樹觀)",觀想流水在樹林間上下流動景觀的"寶池觀(八功德水想)",觀想宫殿上蓮花化生人物的"普觀想(蓮花開合相觀)",等等。在這些觀想圖旁有題記,其中清晰可辨的漢文題記有"樹想"兩處,"普觀想"、"華座想"各一處,内容大致與圖對應。總體看來,左壁中、下段的禪觀僧觀想圖與《觀經》中所説的十三觀關係密切。但也有與《觀經》原文不大相符的,如觀想池中長蓮花、樹、花和樹葉之上的角柱形寶珠的禪觀僧圖,依靠《觀經》不能作出充分的解釋。右側壁中、下段與左壁不同:中段全繪結跏趺坐於蓮座之上的禪定僧,他們常常兩肩、兩腿交替發出火焰與流水,見不到觀想内容,這或許受克孜爾藝術禪定僧圖像表現的影響;下段繪觀想病人、死人等不淨觀想圖。與第 32 窟相比,第 20 窟不僅在吐峪溝石窟群中的位置重要,而且繪畫技法更注重細節,精益求精,乃至成爲整個吐峪溝石窟的代表之作。除了有珍貴的漢文題記之外,壁畫的保存狀態也較好,爲我們研究淨土圖、淨土觀想圖以及不淨觀想圖提供了極其重要的資料。

第 22 窟(新編號 NK10 窟[①])

該窟呈縱長方形,寬 3.28 米、進深 4.95 米、高 2.85 米。後半部分爲原始地面,下墊土坯。中間部分地面有二次修補痕跡。窟内前半部靠西側牆,有一利用山體鑿成的矮牆。矮牆長 1.46 米、高 0.98 米、厚約 0.5 米,其功用不明。後壁中部開一壁龕,壁龕周圍有大量墨書的符號及回鶻文的題記,西牆上不僅有墨書回鶻文題記,還有數排朱書漢文題記。

第 22 窟(NK10)爲斯坦因編Ⅳ-Ⅶ窟。據斯坦因調查報告得知,當初該窟有極其精美的壁畫,但由於土沙的流入損失嚴重,斯坦因令納克·歇木斯定將頂部和側壁部分壁畫成功割取運往德里[②]。割取的壁畫被收録到安德瑞斯(Andrews)編的圖録裏。但安德瑞斯記録爲"從小走廊或大廳頂部及側壁上部切割的"[③]。

被割取壁畫的主要内容分别爲:頂部壁畫爲邊長 1.2 米的正方形盛開的八瓣蓮花紋,赤色的蓮瓣暈染極富特色,即暈染與高光的處理很獨特,使每片蓮瓣顯桃子形,其與第 12 窟走廊頂部壁畫上表現的蓮花紋大體屬同一圖案,不同處只是在該壁畫裏,蓮蓬

———————————————

　①　《新疆鄯善縣吐峪溝西區北側石窟發掘簡報》。"NK10"爲發掘臨時編號。

　②　A. Stein,*Innermost Asia*,vol. Ⅱ,p. 617.

　③　F. H. Andrews,*Wall Paintings from Ancient Shrines in Central Asia*,London,1948,pp. 37-38,pl. Ⅸ,TOY. Ⅳ. Ⅶ.

的周圍和蓮花紋的周圍都配有聯珠紋,是所謂的薩珊系聯珠紋與蓮花紋的組合。而且,中心的蓮蓬部塗黄土,鑲嵌細小的圓紋。圍繞蓮花紋的聯珠圓外側塗淡緑色,暗示水的存在①,四角空隙部表現角柱形寶珠,其周圍發出三角形、葉形火焰。角柱形寶珠兩端呈現正方形截面,截面上加畫十字綫,形成"田"字形,又在"田"字的四個小方塊裏加入黑點。斯坦因割取的側壁壁畫是靠近頂部上端的兩個斷片,兩個都是表現樹下禪觀僧在觀想物體的圖像。圖像僅存畫面上方,與第20窟的觀想圖非常接近。上端連續半截卷草紋邊飾與第12窟、第27窟、第31窟類同②。

溝東區北側殘存壁畫的洞窟有:

第27窟(《中國新疆壁畫全集》編爲第38窟)

該窟位於溝東區,窟口方向朝西,中心柱窟。由前室、門道、主室和後室組成,前室爲平面方形,正壁中部開門道通主室,門道爲平面方形。主室平面呈横長方形,主室正壁中部開一淺龕。正壁兩側下方開左、右甬道。左、右甬道裏端與後甬道相通,横券頂。

頂部:繪斗四式平棊圖案,圖案中心繪蓮花化生坐佛。坐佛内着僧祇支,外穿雙領下垂袈裟。主室正壁、兩側壁上部與頂部交界處自下至上依次繪兩列箭頭紋和忍冬紋紋飾。

前室正壁上部坍塌,前壁及頂部塌毀,左側壁坍塌,其裏端下部原似有一門與臺階相通。右側壁殘存裏端,殘存壁面存草泥牆面。

主室門道外側保存有安裝門框的凹槽,門道上部左、右各鑿一方形凹槽,正壁上方近頂部處鑿有一列方形柱洞。門道各壁壁面大多殘損,僅頂部壁面殘存蓮花圖案。

主室前壁和左、右兩側壁繪因緣故事畫,左側壁的阿育王起塔因緣故事畫清晰可辨。這種因緣故事畫大都是佛坐中央,周圍由衆菩薩、比丘環繞,内容多由一側的個別人物體現出來。主室正壁上方繪立佛和菩薩像,左甬道左壁繪千佛和菩薩像,均爲佛與菩薩一一相間。佛結禪定於蓮座之上,着僧祇衣,肩披袈裟下垂。而菩薩的裝束與姿態與第12窟相同。左甬道的内側壁和右甬道的兩側壁均繪千佛,中心柱繪説法圖。

第30窟(《中國新疆壁畫全集》編爲第40窟)

方形平頂窟,中間有圓形藻井,其内有規律的繪圈點紋,周圍用聯珠紋裝飾。窟内壁畫已嚴重剝落,大部分内容無法辨認。後壁和右壁可見三幅壁畫,每幅壁畫旁用黄色塗豎條,以間隔畫面,上有漢文墨書題記,惜模糊不清。後壁右側的一幅可隱約見一黄色龍舟,内坐菩薩等數人,題記中可見"水"、"龍"、"放"等字樣。右壁後方殘存壁畫,可

---

① 同樣方式表示水,在第20窟淨土觀想圖中的池中也可見到。

② 斯坦因編Ⅳ-Ⅶ壁畫把内容,詳見[日]宫治昭著,賀小萍譯:《吐峪溝石窟壁畫與禪觀》。

見佛跪臥於地上，上方有一雙手按持佛頭，右側一菩薩跪於佛前，披帛着裙，雙手合十。

第 31 窟（《中國新疆壁畫全集》編爲第 41 窟）

方形窟，正壁和左、右壁的中間繪一佛二菩薩的説法圖。菩薩頭頂繪華蓋，四壁滿繪千佛像，佛披通肩袈裟，結禪定印坐於蓮座之上。千佛的服色按順序排列，成組的回圈，形成斜向的條條色帶，表現十方諸佛，一一相間。

覆斗中心倒塌，僅存周圍的聯珠紋、三角紋、和卷草紋飾。覆斗的左右兩坡各繪一排立佛，前後兩坡各繪兩排立佛，兩佛之間以圖案相間，立佛着袒右袈裟，立於蓮座之上，立佛手勢各不相同，各有特色。

第 32 窟（《中國新疆壁畫全集》編爲第 42 窟）

該窟位於東崖最裏端較高處，與穹窿形頂的第 30 窟、覆斗形頂的第 31 窟爲一組。平面呈長方形的券形頂主窟。正壁開後室，左右兩側壁各開有兩個側室。除主室右側壁近窟門處的側室外，其餘三個側室均殘存壁畫。主室頂部壁畫缺損，正壁中央畫方形四方連續圖式的淨土圖，兩側壁分區畫禪觀僧的淨土觀、不淨觀的觀想圖，圖案兩側也存有壁畫，但損傷嚴重。正壁壁畫以通向後室入口上部爲界，分爲呈半圓形的上方區與入口左右的下方區，上方區壁畫剝落面大，褪色嚴重；下方區也就是通向後室的入口兩側壁畫，右壁大半脱落，左壁可分辨出兩個菩薩式的人物和跪拜者們，表現故事圖的情景，該故事圖下方配置裝飾帶及三角垂飾。

左、右側壁依繪畫的内容可將其分爲上、中、下三部分，上部繪觀想淨土諸要素的禪觀僧，中部繪不淨觀想圖，下部繪故事圖。左壁只存靠近正壁的部分，殘存三身飛天、三個圓形乃至八角形寶珠的殘部。右壁只在近後室的側室入口的左側殘留部分壁畫，其内容可見菩薩式人物、合掌的二小人物、連續三角形的山嶽等。兩側壁均在分隔上、中部觀想圖的帶狀部分畫互交扇形圖案，在分隔中、下部圖案的帶狀部分畫連續半截式卷草紋，故事圖下方裝飾帶之下畫三角垂飾圓紋間畫組合卷草紋，在三角垂飾上繪製聯珠紋、圓環紋、花紋等。這些紋樣的大部分也是第 31 窟壁畫裝飾中所能見到的。左壁近後室處的側室，繪有水池與樹木，旁有禪定僧，該僧人前橫臥一具裸體女屍；正壁只殘留行者形象。左壁靠近窟門側室的左側畫兩個樹下瞑想的禪定僧，在他們中間表現一奇妙的人物像，左半身爲肉體，右半身爲骨骸，該壁畫下方赤褐色文字書寫“開覺寺僧智空（?）”，右壁脱落。正壁存禪定僧，背後樹木幾乎全失。右壁近後室處的側室繪樹下禪定僧，在其下方表現水，前方有骨骸。左壁剝落，正壁可以辨認出水池中樹下行者。右壁靠近窟門處的側室只有白灰泥，見不到壁畫。雖然該窟壁畫風格粗獷，褪色嚴重。但詳觀壁畫細部内容，依稀可辨包括了淨土圖、淨土觀想圖、不淨觀想圖等禪觀内容。

第 50 窟(《中國新疆壁畫全集》編爲第 44 窟)

第 50 窟鑲嵌在溝東區的南側半山腰處,崖内開鑿,平面近於正方形,窟室地面中部有一方形壇基。穹窿頂中間鑿出隆起的圓形藻井,藻井中心是一朵倒置的浮雕與繪畫結合組成的蓮花,即我國古代建築上的"反植荷蕖"。周邊畫成輻射形條幅,分層繪立佛和坐佛像。藻井以外頂部繪製環形分佈的千佛,穹頂四角繪四大天王。正壁與兩側壁壁畫按内容大體可以分爲三層,上方二分之一的壁畫畫面用來繪製千佛,各壁在千佛中間繪有一鋪一佛二菩薩説法圖;中層繪有本生因緣故事畫,榜題欄中有墨書漢文榜題,多已模糊不清;下層繪三角形垂帳紋等幾何圖案。

後壁説法圖中的佛交腳坐於蓮臺之上,左壁的頭似束花鬢冠,可能爲彌勒佛(或菩薩)説法圖,彌勒佛右手上舉,施"無畏印"。兩側菩薩頭戴三髻珠寶冠,袒上身,披帛,着短裙,雙手合十,躬身向佛。

2010 年吐峪溝東區北側發掘後洞窟編號增至 56 個,而且還清理出了 3 個存有壁畫的洞窟,2011 年至 2016 年吐峪溝西區發掘後洞窟數量增至 60 餘個,同時發現了 3 個壁畫非常精美的洞窟。新發現的洞窟壁畫介紹如下:

溝西北側新發現殘存壁畫的洞窟有:

新編號 NK2 窟①

該窟爲中心柱窟,在窟群東端,當位於該窟群自上而下的第二層,方向 20 度。該窟係鑿山而成。中心柱窟正面部分全部崩毁,形制不明。後甬道直接開鑿在山體内,左右甬道及中心柱則開鑿在山坡上,其上加砌土坯而成,甬道地面抹白灰。

右甬道内外兩壁均繪立佛壁畫,立佛之間繪摩尼珠、火焰珠。保存最完整的一尊佛像繪於外壁最裏側,正對後甬道。立佛身着通肩袈裟,雙手合十,跣足踏蓮座,頭上有華蓋,背後有火焰紋背光。佛像下部爲三角紋垂飾帶。右甬道中部内側壁龕塑像已毁,殘存背屏。在其北側繪一奇異的人像,面部不清晰,上身着袒右短衣,下身着豹紋斑點短褲。

後甬道頂部繪蓮花,兩壁繪成排立佛。外側壁畫保存最好,共計 10 尊立像。立像頭上均罩傘蓋。身後有背光,身着通肩或袒右袈裟,跣足踏蓮花。10 尊立像的手勢各異。後甬道正中壁龕上繪方形華蓋,與右甬道外壁正對後甬道處所繪立佛上的華蓋相似,與其餘幾尊不同。

---

① 中國社會科學院考古研究所邊疆民族考古研究室、吐魯番學研究院、龜兹研究院:《新疆鄯善縣吐峪溝西區北側石窟發掘簡報》,《考古》2012 年第 1 期。

左右甬道後部、後甬道中部三處壁龕上所繪像光作斜條狀，也與他處不同。後甬道內側壁畫崩毀嚴重，在靠右甬道的轉角處繪兩人，保存較完好。上面一人束髮、尖耳，臉向右上仰視，口微張，雙臂張開，披飄帶，下面一人面目猙獰，長牙外露，臉朝左前，下部爲垂三角紋飾帶。

禮拜窟 1

此窟位於溝西崖下層，窟內壁畫殘損嚴重，僅殘存一身比丘誦經圖和四身誦經菩薩，以及祥雲、蓮花、火焰紋。

禮拜窟 2

此窟位於溝西崖最下層，窟內壁畫保存較好，整個洞窟以青金石爲主色繪製壁畫，洞窟通壁貼金箔，整個洞窟給人一種莊重雄偉、金壁輝煌的感覺，且不失精美巧麗。窟內殘存的壁畫有供養人、菩薩、天王等內容。

降魔變窟

此窟位於溝西崖口處，據現殘存情況來判斷，應爲中心柱式洞窟，現殘存部分分別爲右甬道和後甬道部位。右甬道由於濕度較大，壁畫顏料層幾乎脫落殆盡，後甬道繪一降魔變圖像，整個洞窟以冷色調爲主色。

溝東北側新發現殘存壁畫的洞窟有：

第 18 窟（新編號）[1]

第 18 窟爲一處中心柱窟，即克列門兹所謂“龍王窟”，係在崖體縱向深鑿出一平臺及中心柱，中心柱芯外再包砌土坯，四面則依山體用土坯壘牆而建成。

中心柱正面兩側殘存佛像背屏。背屏呈弧形，中心向內凹。左右各有一排柱洞，當時用於安放支撐正面佛像雕塑的木柱。從背屏收縮弧度大致可以推斷，正面佛像雕塑高度在 3 米以上。背屏下方爲石質寶裝覆蓮座，呈半圓形。橫向最大徑 1.32 米、縱向最大徑 0.82 米、高 0.4 米。蓮座上抹草拌泥，再刷白石灰，中後部左右側各有一不規則的圓形柱洞，直徑 7～15 釐米，深約 12 釐米。這兩個柱洞亦當是用於安插支撐塑像的木柱。

該窟左、右、後三甬道內通壁繪壁畫，部分壁畫因洞窟崩塌而損壞。左甬道外牆中心位置繪一佛二菩薩像，佛與菩薩間繪小尊佛像，西側爲千佛和女供養人像，下部繪三角垂帶紋、動物等。中心柱一側主體亦繪一佛二菩薩像，下部繪一排供養比丘像，身着紅色長袍，手持器物。右甬道兩側牆體壁畫內容大體略同於左甬道。外牆受損較嚴

① 　中國社會科學院考古研究所邊疆民族考古研究室、吐魯番學研究院、龜兹研究院：《新疆鄯善縣吐峪溝東區北側石窟發掘簡報》，《考古》2012 年第 1 期。

重,但壁畫内容仍可辨識,爲一佛二菩薩像,下部亦繪三角垂帶紋。中心柱一側,上半部分壁畫内容基本與左甬道中心柱側相同,下半部分殘損較嚴重,壁畫内容不明。

後甬道外牆壁畫多被厚泥漿覆蓋,僅有部分可辨。中心柱一側中間部分受倒塌土坯衝擊崩落,圖像内容不明。下部可辨一排菩薩像,左、右各四,均作臉朝上仰視狀,或即分舍利之八大國王。

第 18 窟下面一層爲面闊三間的殿堂,明間三壁繪有壁畫。殿堂地面也有鋪磚痕跡。從牆體及倒塌堆積的情況推測,殿堂的屋頂可能爲棚架結構。塔殿南側爲一組上下兩層結構的禪窟、僧房窟。塔殿上層後部爲一組禪窟、僧房窟。

第 36～38 窟①

第 36～38 窟爲三聯窟,也是在山體縱向深鑿出平臺後修建而成,呈南北向一字排列,面闊 11.4 米。其北側爲一條沖溝,南側爲第 28 窟,上層爲第 27 窟。

第 36 窟平面大致呈梯形。前半部分窟頂已經殘毁,後半部分尚存。窟内壁面先抹草拌泥,再塗白灰,然後繪製壁畫。壁畫大多已褪色或漶漫嚴重,僅殘存少數局部可辨的壁畫,如南北兩壁中部各有一處飾聯珠紋的菩薩像。南壁中間開一門洞,通向第37 窟。

第 37 窟平面大致呈長方形,中部用矮牆隔成前後兩部分。前半部分窟頂已殘毁,後半部分尚存。四壁抹白灰,轉角處塗朱,未見其他壁畫痕跡。南側牆上開一門洞,通向第 38 窟。

第 38 窟平面呈較規則的長方形。前半部分窟頂已殘毁,後半部分尚存。窟内中部偏後位置的地面有一圓坑,性質不明。坑内土質純淨,内含大塊朱砂原料以及“泥質化的文書殘塊”②。窟内壁面抹白灰,轉角處塗朱,隱約可辨有壁畫痕跡。窟壁由於被泥漿浸泡而損壞嚴重,但局部仍可見藍、緑、黄等色的壁畫殘留,可知原來繪有壁畫。

由此可知,吐峪溝石窟編號已不再是 46 個,且僅溝東北側就已增至 56 個,其中有壁畫殘留的洞窟已增至 7 個;溝西雖已發掘結束,但發掘資料還未整理出來,故洞窟編號還是發掘時的臨時編號。據考古發掘資料可知,西區僅殘存壁畫的洞窟就有 9 個,在新發現的洞窟中,有 3 個洞窟壁畫比較精美。除此之外,在第 22 窟的後壁中部開一壁龕,壁龕周圍有大量墨書的符號及回鶻文的題記,西牆上不僅有墨書回鶻文題記,還有數排朱書漢文題記。同時,在西區還發掘出數量相當的紙質文書、紡織品等。

① 《新疆鄯善縣吐峪溝東區北側石窟發掘簡報》。
② 詳見《新疆鄯善縣吐峪溝東區北側石窟發掘簡報》注[11]。

四、石窟形制

從石窟的構造特點可將這些洞窟大致分爲穹窿形窟頂、中心柱窟、覆斗形窟頂、長方形縱券頂窟四種。

（一）穹窿形頂窟

平面呈正方形，穹窿形窟頂。如第 44 窟（斯坦因Ⅳ窟），窟室地面中部殘存有一方形壇基。穹窿形頂窟見於巴米揚、克孜爾、庫木吐拉、森木賽姆、柏孜克里克等石窟，可以説明顯受到西方的影響。

（二）中心柱窟

其結構爲正方形或長方形平面，主室地面中央築一塔形中心柱，塔柱四面開龕，而正面龕較大，塔柱前面爲主室，左、右、後有走廊，這是供佛教徒禮佛、進行佛事活動的禮拜窟。這種窟形有第 2 窟、第 12 窟、克列門兹第 6 窟、第 38 窟等，同類型的石窟結構在克孜爾石窟也很普遍，還可見於敦煌第 254、257、251、260 等北魏窟中（敦煌的主室呈人字披頂）。

（三）覆斗形窟頂

平面基本呈方形，四面傾斜的覆斗窟頂，如第 31 窟。同樣的窟形可見於敦煌西魏第 249、285 窟。

（四）長方形縱券頂窟

該窟形結構也是吐峪溝石窟群中最多的一種類型，平面呈縱長方形，主室爲券形頂，正壁開後室，兩側壁開側室；後室和側室可看作是僧人禪觀使用過的禪室。還可將其細分，如第 1 窟，克列門兹第 38 窟、第 20 窟、第 22 窟（斯坦因Ⅳ～Ⅶ窟）、第 32 窟均屬禪觀窟，這也是吐峪溝石窟的顯著特徵。另一種也就是數量最多的，爲僧房，窟內有土炕，有的牆壁還鑿有存放日常生活用品的壁龕，有的還有過道，但均無壁畫。

吐峪溝石窟歷經千百年滄桑，飽受風沙、地震等自然災害的侵蝕和人爲的破壞，洞窟壁畫破壞嚴重，現已發掘的洞窟有百餘座①。大部分都是没有壁畫的僧房窟，目前僅有 16 個洞窟殘存壁畫，數量雖少，但具有豐富的歷史信息及重要的研究價值。爲了將這些重要的歷史資料以及繪畫藝術更好地傳承和研究，故作此綫描圖集，意引起各位專家學者的關注，推動吐魯番學研究事業的快速發展。

---

①　根據近年發掘統計得此資料，但因溝西區發掘報告至今未完全整理出版，石窟的數量還有可能增減。

參 考 文 獻

中文部分

1. 敦煌文書 P. 2009《西州圖經》山窟二院條。

2. 孟凡人等編:《高昌壁畫輯佚》,烏魯木齊:新疆人民出版社,1995 年。

3. 中國壁畫全集編輯委員會編:《中國新疆壁畫全集》,沈陽:遼寧美術出版社、烏魯木齊:新疆美術攝影出版社,1995 年。

4. 賈應逸:《吐峪溝石窟探微》,《新疆藝術》編輯部編《絲綢之路造型藝術》,烏魯木齊:新疆人民出版社,1985 年。

5. 〔日〕宮治昭著,賀小萍譯:《吐峪溝石窟壁畫與禪觀》,上海:上海古籍出版社,2009 年。

6. 中國社會科學院考古研究所邊疆民族考古研究室、吐魯番學研究院、龜兹研究院:《新疆鄯善縣吐峪溝東區北側石窟發掘簡報》,《考古》2012 年第 1 期。

7. 中國社會科學院考古研究所邊疆民族考古研究室、吐魯番學研究院、龜兹研究院:《新疆鄯善縣吐峪溝西區北側石窟發掘簡報》,《考古》2012 年第 1 期。

8. 中國社會科學院考古研究所邊疆民族考古研究室、吐魯番學研究院、龜兹研究院:《新疆鄯善縣吐峪溝石窟寺遺址》,《考古》2011 年第 7 期。

9.《吐峪溝石窟的新發現　影響吐魯番歷史的佛教遺址》,《中國文化遺産》2011 年第 2 期。

10. 侯世新:《吐峪溝石窟寺第 38 窟龜兹風探析》,《敦煌學集刊》2011 年第 6 期。

11. 賈應逸:《新疆吐峪溝石窟佛教壁畫泛論》,《佛學研究》1995 年第 6 期。

12. 趙陽、陳愛峰:《吐峪溝石窟第 44 窟兔王本生故事考》,《敦煌研究》2013 年第 6 期。

13. 徐玉瓊:《高昌早期佛教造像形制及其特徵——以吐峪溝石窟壁畫爲中心》,《長江大學學報》(社會科學版)2013 年第 8 期。

14. 趙麗婭:《龜兹風佛教藝術的特點及其和吐峪溝石窟的關係》,《新疆藝術學院學報》2015 年第 2 期。

15. 侯明明、楊富學:《吐峪溝半白半黑人骨像"摩尼教説"駁議》,《吐魯番學研究》2013 年第 2 期。

16. 〔日〕宮治昭著,李靜傑譯:《阿彌陀淨土之觀想——吐魯番吐峪溝石窟壁畫我見》,《佛學研究》2000 年第 6 期。

17. 晁華山:《尋覓淹没千年的東方摩尼寺》,《中國文化》1993 年第 1 期。

18. 霍旭初:《善導與唐西州阿彌陀淨土信仰》,《吐魯番學研究》2008 年第 1 期。

19. 武伯倫:《新疆天山南路的文物調查》,《文物參考資料》1954 年第 10 期。

20. 閻文儒:《新疆天山以南的石窟》,《文物》1962 年第 7、8 期。

21. 耿世民:《回鶻文〈土都木薩里修寺碑〉》,《世界宗教研究》1981 年第 1 期。

22. 向達譯:《斯坦因西域考古記》,北京:中華書局、上海:上海書店,1987 年。

23. 〔日〕須藤弘敏譯:《吐峪溝石窟考》,《佛教藝術》186 號,1989 年。

24. 〔日〕大谷光瑞等:《新西域記》,東京。

25. 〔德〕勒柯克著,陳海濤譯:《新疆的地下文化寶藏》,烏魯木齊:新疆人民出版社,1999 年。

26. 〔德〕葛倫威德爾著,趙崇民、巫新華譯:《新疆古佛寺——1905～1907 年考察成果》,北京:中國人民大學出版社,2007 年。

27. 〔德〕勒柯克著,趙崇民譯:《高昌——吐魯番古代藝術珍品》,烏魯木齊:新疆人民出版社,1998 年。

28. ［日］香川默識:《西域考古圖譜》,東京:國華社,1916 年。

29. ［俄］羅伯洛夫斯基:《俄國地理學會組織的中亞考察團之作業》,彼得堡,1902 年。

30. ［俄］雷格爾:《吐魯番探察記》,《佩特曼地理月報》,1879 年。

西文部分

1. A. Grünwedel,*Kultstätten*,Berlin,1912.

2. A. Stein, *Detailed Report of Explorations in Central Asia and Westernmost China*,Vol. 3,Oxford，1921.

3. S. F. Oldenburg, *Russkaya Turkestanskaya Ekspeditsiya*,1914.

4. A. Stein,Innermost Asia, *Detailed Report of Explorations in Central Asia*,Kan-Su and *Eastern Iran*,Vol. 2，Oxford,1928.

5. D. A. Klementz,*Nachrichten über die vonder Kaiserlichen Akademie der Wissenschaften zu St. Petersburg in Jahre 1898 ausgerustete Expedition nach Turfan*,St. Petersburg,1899.

吐峪溝石窟壁畫綫描圖

吐峪溝石窟群東區石窟

吐峪溝東區第 18 窟

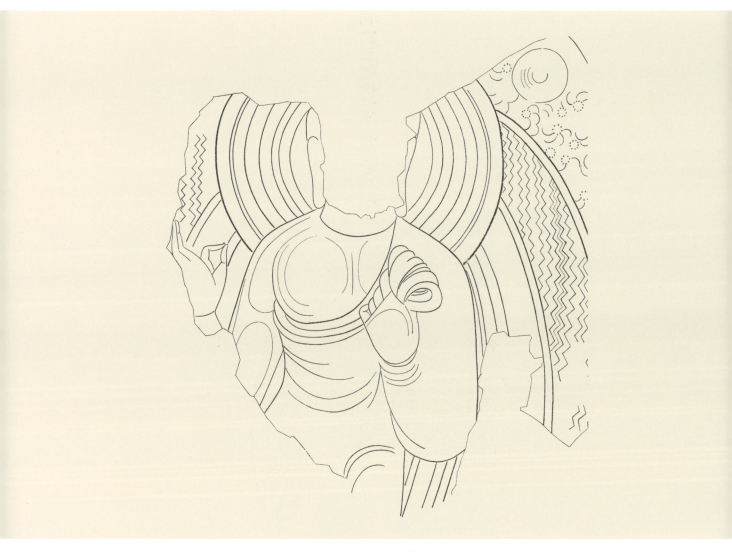

圖一　K18　立佛(1)

此幅圖像損毀嚴重,現可見佛像雙耳下垂,身着袒右式袈裟,身後有頭光、背光。

圖二　K18　立佛（2）

　　此幅圖像保存較好，面部殘缺，着袒右式佛衣，身體扭曲呈"S"形，雙手做説法印，身後有頭光、背光。立佛左下方有一身小立佛。

圖三　K18　立佛(3)

圖四　K18　立佛與聞法菩薩

吐峪溝東區第 27 窟

圖五　K27　阿育王起塔因緣局部　東壁

　　吐峪溝東區第 27 窟編號 K27,原編爲第 38 窟。

　　該畫面採用説法圖的形式,構圖緊湊。佛居中部主要位置,周圍衆弟子、菩薩環繞。人物衆多,面相豐潤,體態優美。故事情節主要由佛面向右下方的人物表現,一小兒正舉手向佛手托的鉢中投放東西。畫師並没有拘泥於佛經,而是根據構圖需要繪三身裸體兒童:第一個俯身趴在地上;第二個踩在第一個兒童的背上;第三個騎在第二個脖子上,雙手上舉,正往佛鉢中敬獻食物。畫面描述的是阿育王施土的佛傳故事。據《賢愚經》阿輸迦施土品記載,佛一日持鉢乞食,路上見二小兒在沙中遊戲,一心念佛,“以沙爲糧捧内佛鉢”。後來以此因緣轉生阿育王,起八萬四千塔,弘揚佛法。肉體用凹凸法暈染,形象生動活潑,造型概括簡練。

圖六　K27　千佛與菩薩局部(1)　東壁

　　此窟甬道上部經過後代重繪，下部壁畫是開窟時原作。千佛與菩薩相間排列，這種構圖少見。
佛着雙領下垂式袈裟，内穿僧祇支，衣紋綫描細勁流暢，頭頂有滑蓋懸浮於空中。菩薩袒露上身，瓔
珞環釧，裝飾華麗，頭頂有盛開的蓮花。

圖七　K27　千佛與菩薩局部（2）
千佛與菩薩局部均位於南壁中部中層。

圖八　K27　千佛與菩薩局部(3)

圖九　K27　千佛與菩薩局部(4)

圖一〇　K27　千佛與菩薩局部(5)

圖一一　K27　千佛與菩薩局部(6)

圖一二　K27　千佛與菩薩局部(7)

圖一三　K27　千佛與菩薩局部(8)

圖一四　K27　千佛與菩薩局部(9)

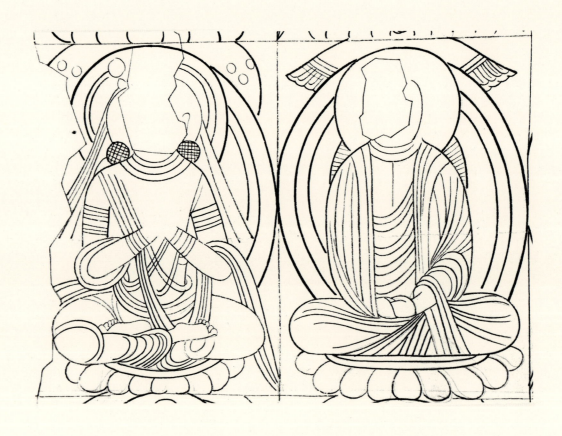

圖一五　K27　千佛與菩薩局部(10)

圖一六　K27　千佛與菩薩局部(11)

圖一七　K27　千佛與菩薩局部(12)

圖一八　K27　説法圖局部(1)　東壁

　　此幅畫面中部佛造型端莊；兩旁聞法菩薩上身裸體披巾；比丘着袒右袈裟，雙手合十，表現出虔誠恭敬之心。左下側一比丘和菩薩坐於窟内。畫面構圖嚴謹，氣氛肅穆，深沉寧静。

圖一九　K27　説法圖及阿育王起塔因緣圖局部（2）　東壁
此幅畫面包含兩部分内容，右側爲説法圖，左側爲阿育王起塔因緣故事畫。

圖二〇　K27　說法圖局部（3）
說法圖局部位於南壁前部中層。

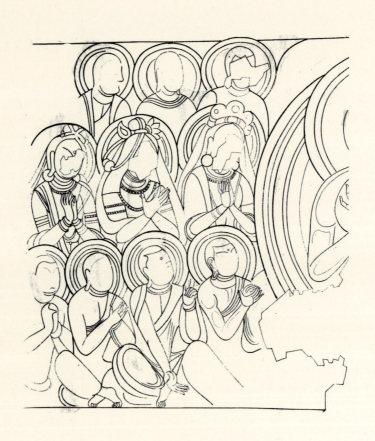

圖二一　K27　説法圖局部（4）

圖二二　K27　説法圖局部(5)

圖二三　K27　説法圖局部（6）

吐峪溝東區第 31 窟

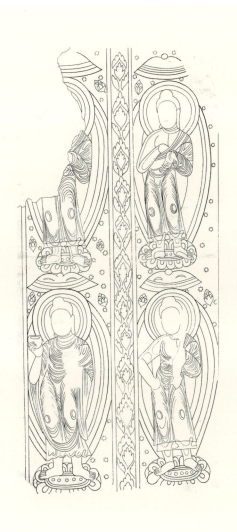

圖二四　K31　立佛像　頂部東側

　　吐峪溝東區第 31 窟編號 K31，原編爲第 41 窟。

　　該幅畫面分上、下兩層，共四身佛像。畫師以圈點紋、折帶紋、圖案組成條幅，繪製立佛像，根據兩側斜角情況縮小立佛高度和繪成坐佛。立佛造型大體相同。體態略呈“S”形，着袒右袈裟，脚踩蓮花，頭上滑蓋浮懸於空中。

圖二五　K31　立佛像　頂部東側
　　此幅畫面中有五身立佛、一身坐佛。該窟的立佛構圖相似,色調清新雅麗,坐佛偏袒右肩,左手持鉢,係表示甘露,右手持藥丸,爲東方淨琉璃世界的藥師琉璃光佛。

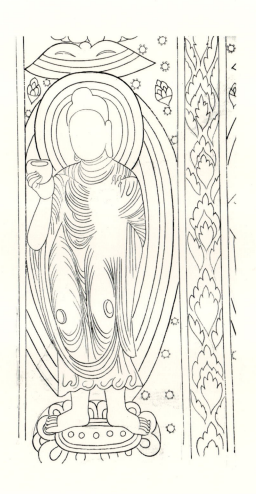

圖二六　K31　立佛像局部（1）　頂壁

　　此幅畫面中的立佛赤足站於蓮花座之上，着通肩式袈裟，右手持鉢，左手持藥丸，爲東方淨琉璃世界的藥師琉璃光佛。

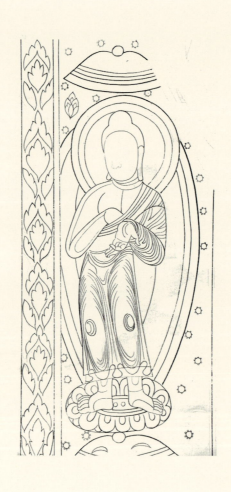

圖二七　K31　立佛像局部(2)　頂壁

　　該幅畫面中一身立佛赤足立於蓮座之上,着袒右袈裟,頭頂滑蓋浮懸於空中,身姿扭曲略呈
"S"形。

圖二八　K31　立佛像局部(3)　頂壁

圖二九　K31　立佛像局部(4)　頂壁

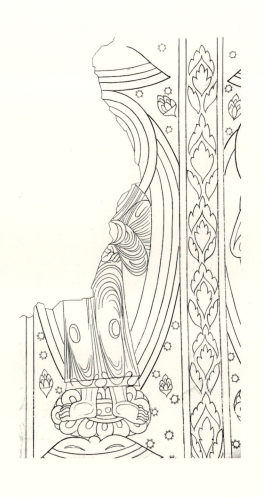

圖三〇　K31　立佛像局部(5)　頂壁東側

圖三一　K31　菩薩　東壁中部

　　此幅畫面爲一佛二菩薩説法圖中的脅侍菩薩。菩薩頭部殘缺，上身半裸，着短裙，赤足立於圓形墊上，面轉向佛，雙手合十，恭敬虔誠。頭頂滑蓋浮懸於空中。

圖三二　K31　菩薩局部　東壁中部

圖三三　K31　交腳坐佛像　頂部

　　根據畫面需要,佛交腳坐於蓮座上,着袒右袈裟,左手持缽,右手似持藥丸狀。形體豐滿圓潤,衣紋緊密,各色圖案交匯,裝飾趣味甚濃。

吐峪溝東區第 32 窟

圖三四　K32　飛天局部(1)　東壁後端下層

　　吐峪溝東區第 32 窟編號 K32，原編爲第 42 窟。

　　該幅畫面中三身飛天上下排列，飛行方向一致。半裸披巾，以"凹凸法"暈染表現出肌肉的健美，是西域式飛天。最上方的身子作"U"字形，動感強烈。

圖三五　K32　飛天局部(2)

圖三六　K32　飛天局部(3)

圖三七　K32　飛天局部(4)

图三八　K32　菩薩局部(1)　東端壁

　　此幅畫面的主要位置繪有兩身菩薩,左下側跪有二人,前者雙手托供盤,後者合十,恭敬虔誠。
《法華經—譬喻品》曰:"若有衆生從佛世尊聞法受信,勤修精進,求一切智、佛智、自然智、無師智,如
來之見力無所畏,潛念安樂無量衆生利益天人度脱一切,是名大乘。菩薩求此乘故名爲摩訶薩。"畫
面内容當是宣揚求大乘的摩訶薩,構圖主次分明,造型質樸,追求力的美。

圖三九　K32　菩薩局部(2)

菩薩局部位於東壁下層。

圖四〇　K32　菩薩局部(3)

圖四一　K32　菩薩局部(4)

圖四二　K32　菩薩局部(5)

圖四三　K32　小禪室　禪觀圖局部（1）

圖四四　K32　小禪室　禪觀圖局部（2）

圖四五　K32　小禪室　禪觀圖局部(3)

吐峪溝東區第 50 窟

圖四六　K50　佛本生故事局部(1)　西壁

　　吐峪溝東區第 50 窟編號 K50,原編爲第 44 窟,時間約爲 472～494 年。

　　該幅壁畫由兩部分組成,其右側部分漫漶不清,左側部分分上、下兩層,上層有一束髮無冠半裸披巾的飛天,旁有一隱約可見的坐姿人物,下層有一站姿人物。由於壁畫殘破嚴重,無法辨別故事情節,故難以定名。

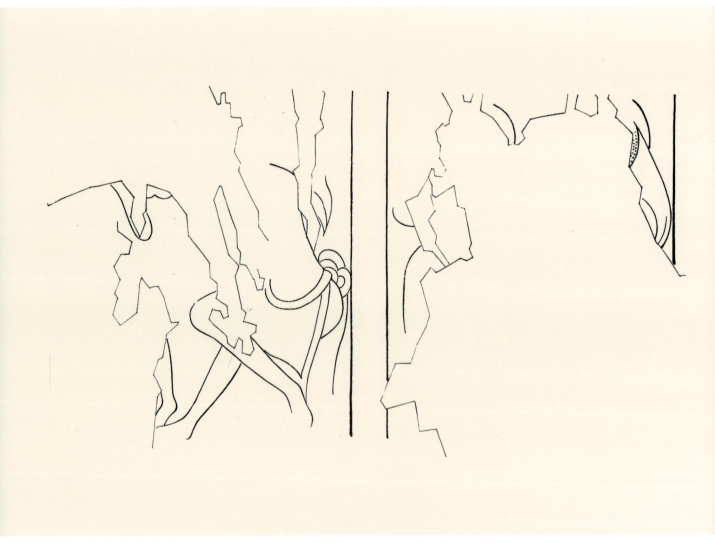

圖四七　K50　佛本生故事局部(2)　西壁
此幅畫面殘破嚴重,右側部分只能看到一人交腳而坐,頭部已完全脫落,其餘部分漫漶不清。

圖四八　K50　慈力王施血飲夜叉　北壁東部中層

　　慈力王位於畫面中心,坐方臺座上,頭戴三髻珠寶冠並側向右方,右手叉腰,左手置於膝上,周圍夜叉圍坐。

　　佛經曰:"閻浮提有一國王,其名慈力,有大名稱福智深廣。相貌端嚴,威神罕匹。統領八萬四千小國。后妃眷屬其數十千,二萬臣佐共治政事。彼慈力王久遇先佛植衆善本,樂修慈行仁恕和平,於諸衆生施之快樂。複起悲心矜愍貧窶,有苦衆生皆蒙拯拔。……國土安泰,靡不相慶。有諸疫鬼及五夜叉,常噉血氣觸惱於人。由彼皆修十善之行,淨身語意衆殃消殄,諸天善神常爲守護。設有邪魅諸惡鬼神,雖懷損害而不得便。時五夜叉來詣王所,咸作是言:'我等徒屬仰人血氣得全軀命,由王教導一切人民皆修十善,我輩從此不得所食,饑渴頓乏求活無路。'王聞之,極傷憫之。即自思惟:'夜叉之徒唯飲人血,作何方計滿其所求?當破我身可能濟彼。'乃刺五處血即迸流。時五夜叉各持器至取之而飲,既飽且喜。王乃語曰:'我以身血救汝之命,若充足者吾無所希,唯修十善則爲報恩。願未來世我成佛時,最初說法先度汝等,以甘露味除汝三毒,諸欲饑渴令得清淨。'"

圖四九　K50　佛説兔王經局部(1)　北壁

　　該幅本生故事畫整幅繪有 6 個人物,皆身披彩帶,上身赤裸,下穿短裙,每個人的帽子、披帶、裙子用色各有不同,形成紅、藍、白相間的唯美視覺效果。畫面中能看到的兔子形象也有 7 個,除去最右側一人身前有兩隻回首顧望的兔子外,其餘畫面均爲一人一兔子的組合。按畫面由人、兔子、火等組成的特點來看,所依經典應爲支謙所譯《菩薩本緣經》卷下《兔品第六》。

　　這幅局部圖右側部分的畫面只剩下靠左邊的一半,畫面中有一僅存左半身的人物,雙腿叉開,呈站立姿勢,留有黑色頭髮,身披白色彩帶,上身赤裸,下穿一鑲白邊的紅色短裙,其身前側臥有兩隻兔子。畫面中間一隻兔子蹲坐於一蓮葉之上,旁邊的人物留有紅色頭髮,身披藍色彩帶,上身赤裸,下穿一鑲白邊的短裙,雙手合十半跪面對着蹲坐身前的兔子。左側部分畫面有一隻兔子,蹲坐於一左手持淨瓶的人物前。此人長有紅色頭髮,身披黑色條紋的彩帶,上身赤裸,下穿一鑲白邊的紅色短裙,雙膝微曲。左邊有一叢火。右側榜題有"請焚□身"四字。

圖五〇　K50　佛説兔王經局部(2)　後壁南部中層

　　右側是持淨瓶的人物,其左邊有一叢火,火中有一隻兔子,旁有一人彎腰雙手伸入火中去抱兔子。此人留有黑色頭髮,身披藍色彩帶,上身赤裸,穿鑲白邊帶黑色條紋的短裙。左上方有一留有黑色頭髮的人,身披白色彩帶,上身赤裸,穿鑲白邊的藍色短裙,雙膝跪地,頭面作禮,身前的地下有一隻兔子。再往左有一人長有黑色短髮,頭戴紅色帽子,身披黑色條紋彩帶,上身赤裸,懷中抱着兔子,下穿鑲白邊的紅色短裙。此人身體向左嚴重傾斜,左腿向上翹起至右腿膝蓋上。畫面的最右側是一叢熊熊燃燒的火焰。

圖五一　K50　善事太子入海品　南壁東端中層

　　整幅壁畫有 7 個人物,畫師使用紅、綠、黃、白等顏色,將整幅畫面描繪得生動活潑,富有真實感。畫面的右側,畫師模仿釋迦牟尼在菩提樹下誕生的故事,繪以善事太子於菩提樹下從其母右脅誕出的場景。畫面的中央是善事太子之父寶凱王邀請仙人投胎他家的場景。畫面的左側是善事太子入海求取珍寶的場景。據壁畫內容來看,所依經典應該是《賢愚經》卷九《善事太子入海品》。

圖五二　K50　説法圖　南壁頂部

　　此幅畫面中間一佛結跏趺坐，半裸披巾。兩側脅侍菩薩着半裸束裙，彎腰向佛，體態生動有趣，造型別致。

圖五三　K50　忍辱仙人本生　北壁南側

　　該幅畫面左側羼提婆利仙人坐於拱形頂建築内的一束腰座上，右腿置左腿上，身體微前傾，右
手伸向前方。前面歌利王兩腿相交而立，右臂下垂，手握刀鞘，左手持刀上舉，向仙人砍去；前方地
上是羼提婆利仙人被砍下的兩手兩脚。畫面右側菩薩倚躺，右手支頤，即將蘇醒。

圖五四　K50　屍毗王本生　北壁東部中層

　　佛經上説,拘屍國屍毗王發心"欲救一切衆生"。一隻被鷹追捕的鴿子求救於屍毗王,鷹説:若不還鴿,也將餓死。屍毗王割己肉喂鷹救鴿,鷹求與鴿等重,王身肉將盡,猶不如鴿,遂舉身坐秤盤内,結果身複如故,後來成佛。畫面中屍毗王安詳而坐,身後爲其眷屬。一隻被鷹緊追的鴿子,"其色青緑,如蓮花葉",正飛入王的懷裏。一侍者單跪,於王左腿上割肉。左側站立過秤的侍者,左下角殘存坐於秤盤中的國王下垂的雙腿。榜題框内有墨書漢文榜題"屍毗大王□□□□□"。古代畫師將故事複雜的過程融於一幅畫面,突出割肉、過秤兩個連貫的主要情節,構圖頗具匠心,佈局緊湊,渾然一體。

圖五五   K50   説法圖(1)   北壁

　　此窟是中間置有方壇的方形窟,平頂,中間鑿出隆起的圓形藻井。藻井中心是一朵倒置的浮雕
與繪畫結合組成的蓮花,這就是我國古代建築上的"反植荷蕖"。周邊畫成輻射形條幅,分層繪立佛
和坐佛像。藻井以外頂部繪製環形分佈的千佛。窟內四壁壁畫按內容大體可以分爲三層:上方二
分之一的畫面用來繪製千佛,佛衣間雜有雙領下垂的中國式袈裟;中層繪有佛經故事,榜題欄中有
墨書漢文榜題,多已漫漶不清;下層繪三角紋等幾何圖案。

　　此幅説法圖位於北壁中部,佛結跏趺坐於覆蓮座上,兩側脅侍菩薩頭戴寶冠,半裸束裙,彎腰向
佛,體態生動有趣,造型別致。

圖五六　K50　説法圖(2)　東壁

　　此幅説法圖與北壁中部的説法圖構圖相同,菩薩頭戴寶冠,半裸束裙,雙手合十,彎腰向佛,右側脅侍菩薩採用白下頜、白鼻樑的凹凸暈染法,屬於明顯的西域風格。

圖五七　K50　佛本生故事　西壁
此幅畫面因殘破嚴重,內容無法考證。

圖五八　K50　屍毗王本生和慈力王施血飲夜叉本生故事　西壁

　　此幅畫面由兩部分内容構成：右側爲屍毗王割肉貿鴿的本生故事，左側爲慈力王施血飲夜叉的本生故事。

圖五九　K50　聞法菩薩⑴　東壁

　　該幅畫面上的人物是説法圖中的脅侍菩薩。脅侍菩薩是修行層次最高的菩薩,其修行覺悟僅次於佛陀或等同於佛陀。在没有成佛前,常在佛陀的身邊,協助佛陀弘揚佛法,教化衆生。

圖六〇　K50　聞法菩薩(2)　東壁

圖六一　K50　聞法菩薩(3)　北壁

圖六〇　K50　聞法菩薩(2)　東壁

圖六一　K50　聞法菩薩(3)　北壁

吐峪溝石窟群西區石窟

吐峪溝西區第 2 窟

圖六二　NK2　藥師佛

吐峪溝西區第 2 窟編號 NK2。

此幅畫面中的立佛赤足立於蓮座之上,面相慈善,儀態莊嚴,烏髮肉髻,雙耳垂肩,着佛衣,袒胸露右臂,左手持鉢,右手向下,掌心向外,是與願印,身後有光環。此佛像應爲東方淨琉璃世界的藥師琉璃光佛。

圖六三　NK2　立佛像(1)

　　立佛身着通肩袈裟,雙手合十,跣足踏蓮座,頭上有華蓋,背後有火焰紋背光,佛像下部爲三角
紋垂飾帶。

圖六四　NK2　立佛像(2)

　　此幅畫面中的立佛赤足立於蓮座之上，面相慈善，儀態莊嚴。烏髮肉髻，雙耳垂肩。着佛衣，袒胸露右臂。雙手似做説法印，身體扭曲呈“S”形。身後有光環，頭頂有華蓋。

圖六五　NK2　立佛像（3）

　　佛像赤足站立，烏髮肉髻，雙耳垂肩，着袒右式佛衣。雙手做説法印，身後有頭光、背光，頭頂懸浮華蓋。

圖六六   NK2   立佛像（4）

　　佛像赤足站立，面部殘缺。烏髮肉髻，雙耳垂肩。着袒右式佛衣，身體扭曲呈倒“S”形。雙手做說法印，身後有頭光、背光，頭頂懸浮華蓋。

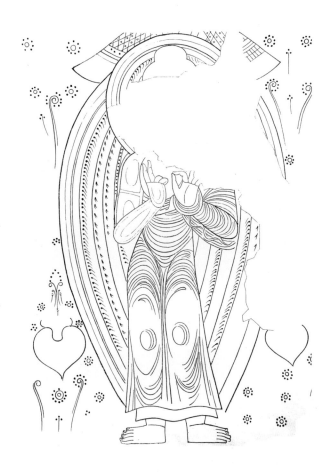

圖六七　　NK2　立佛像（5）

　　佛像赤足站立，面部殘缺，烏髮肉髻。着袒右式佛衣，身體扭曲呈“S”形。雙手做説法印，身後有頭光、背光，頭頂懸浮華蓋。

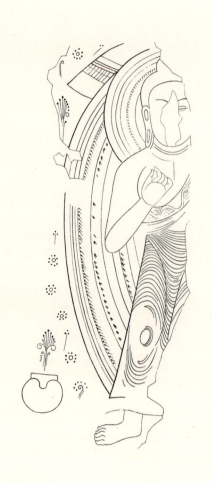

圖六八　NK2　立佛像(6)

　　佛像赤足站立,左半身殘缺,面相慈善,儀態莊嚴,烏髮肉髻,雙耳下垂至肩部。着袒右式佛衣,
身體稍扭曲呈倒"S"形。雙手做説法印,身後有頭光、背光,頭頂懸浮華蓋。

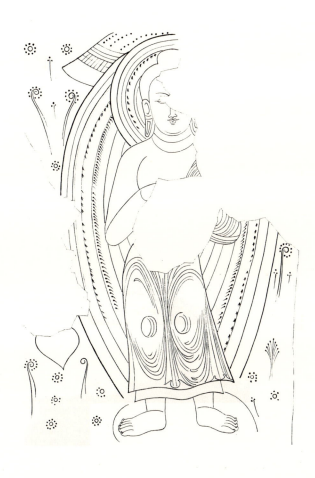

圖六九　NK2　立佛像(7)

　　佛像赤足站立,左側面部及左肩殘缺,面相慈善,儀態莊嚴。烏髮肉髻,雙耳下垂至肩部。着袒右式佛衣,身體扭曲呈"S"形,雙手置於胸前。身後有頭光、背光,頭頂懸浮華蓋。

吐峪溝西區第 20 窟

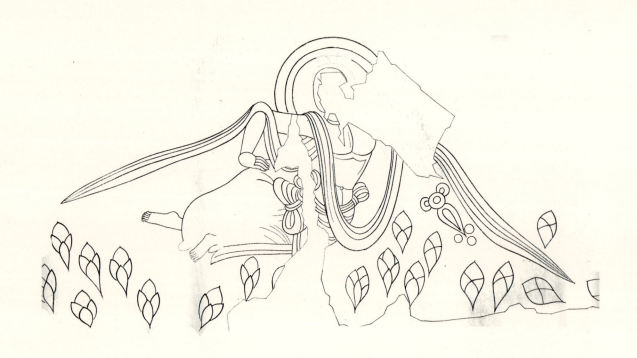

圖七〇　K20　飛天(1)　南壁頂部

吐峪溝西區第 20 窟時間約 6～7 世紀中葉。

飛天是佛教中天帝司樂之神,又稱香神、樂神、香音神。《大智度論》中説:"乾闥婆是諸天伎人,隨逐諸天,爲諸天作樂。"飛天男女不分,職能不分,以香爲食,不近酒肉,有佛陀出現的場合,便一定有飛天存在。

該幅壁畫中的飛天沿水準方向蹬腳,挺直上半身,臉部朝前稍呈回首狀,右手置腰,纏繞於肩、臂膀的長天衣翻飛自如。

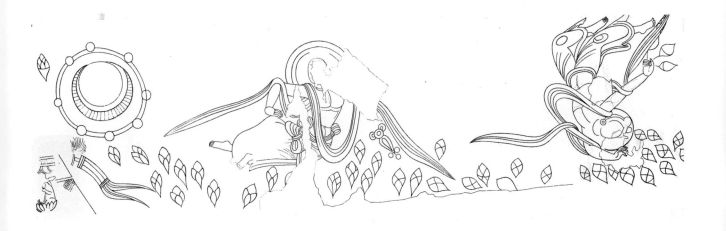

图七一　K20　飞天(2)　窟頂南坡中部

　　20窟窟頂南坡中部的三身飛天中,靠近正壁的一身損傷明顯。中間的飛天一邊蹬腳,一邊使身體挺起,基本呈垂直下飛姿態。右手舉於胸前,左臂伸直,手持三枝蓮花,纏繞於其身的藍色天衣翻轉飄逸。入口處的另一身飛天沿水準方向蹬腳,挺直上半身,臉部朝前稍呈回首狀,右手置腰,纏繞於肩、臂膀的長天衣翻飛自如。畫家筆下的這些飛天生氣勃勃,栩栩如生,富有動感,其天衣飄逸而優雅。在飛天的下方飄散着藍色、赤褐色的花蕾,可能是表現天上撒下的花。靠近入口處飛天的前方,有以圓形爲中心的月牙圖形,周圍圍繞似星星的小圓點連成圓環的星相圖。

圖七二　K20　飛天(3)

　　此身飛天半裸披巾,左手撒花,形體粗壯,動態有力,借助飄舞的長巾和身體的動感,表現其翩然而飛。

圖七三　K20　赴會弟子(1)　北壁

　　佛經中説,須摩提女嫁給長者滿富之子,過門後六千梵志赴宴,須摩提女因信仰不同臥床不起。滿富長者爲難,於是叫須摩提女焚香請佛。佛"遥知其意",欣然受請與衆弟子一起赴會。衆弟子乘各種仙禽神獸飛來,滿富全家出迎。釋迦當衆説法,超度梵志與衆人皈依佛教。該幅畫面中的赴會弟子坐於蓮座上,身旁繪流雲增加了其動感。

圖七四　K20　赴會弟子(2)　北壁

　　該幅畫面中的赴會弟子,面轉向左側,有頭光,着通肩式袈裟,坐於覆蓮座上,身旁有流雲飄過。方格下有一隻仙禽正在啄食。

圖七五　K20　赴會弟子(3)　北壁

　　該幅畫面中的禪定僧結跏趺坐於像鵝的兩隻鳥背上,着通肩式袈裟。結禪定印的手上伸出墨綫蓮莖,蓮花上有發出火焰的角柱形寶珠。

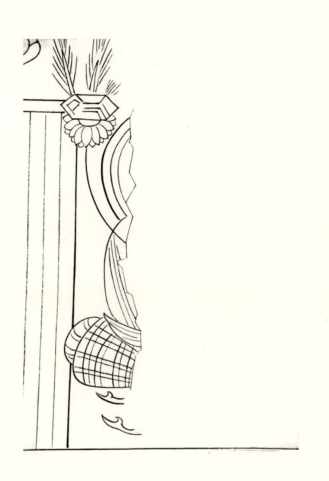

圖七六　K20　赴會弟子(4)　北壁

　　該幅壁畫脫落嚴重,殘破的半邊與《吐峪溝石窟壁畫與禪觀》(第 68 頁)中的圖相對應。結禪定印的僧人乘坐大鷲座。手上伸出墨綫蓮莖,蓮花上有發出火焰的角柱形寶珠,火焰呈三片葉狀。

圖七七　K20　十六觀局部　南壁

該窟爲長方形縱券頂窟。南部劃分三層小方格，下面兩層十六幅繪"十六觀"，各幅構圖類同，右側繪坐禪比丘，左側是觀想的内容。畫面清晰的有普觀想、蓮花觀、寶樹觀等。《觀無量壽經》中記佛爲韋提希夫人説修十六觀想之法，莫高窟多據此畫韋提希夫人觀像。此窟作比丘禪觀畫面，具有鮮明的地方特色。

圖七八　K20　十六觀局部(1)　普觀想　南壁

　　從畫面上觀想人物的服裝來看,最下層可能爲俗人,觀想物件爲有門扉的方形宮殿形建築,上面有一大橢圓形背光,背光中一裸體人形自半開蓮花中現出上半身,即表現蓮花童子。背光內側有兩個圓形寶珠,兩端發火光,外側也可見一個(見吐峪溝石窟壁畫與禪觀圖44)。建築物左、右背光下方部分表現網狀。畫面右端榜題框內有墨書漢文榜題:"行者當起自心生於西方極樂世界於蓮……"該題記與《觀經》第十二觀"普觀想(蓮花開合相觀)"中的文句幾乎完全一致,即:"當起自心生於西方極樂世界,於蓮花中結跏趺坐,作蓮花合想,作蓮花開想。"

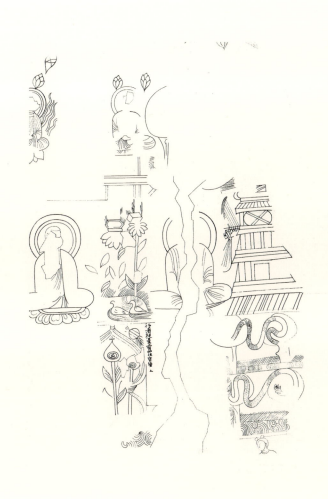

圖七九　K20　十六觀局部(2)　南壁

　　此幅十六觀想圖榜題框内有墨書漢文榜題書:"行者觀臺上有四柱寶幢……"與該題記對應的是《觀經》第七觀的"華座想(蓮花觀)"中的"此蓮花臺八萬金剛甄叔迦寶,梵摩尼寶妙真珠網以爲交飾。於其臺上自然而有四柱寶幢"。所謂的"華座想",使人想起生長蓮花的情景,其每片花瓣上有百寶石色,花瓣之間有許多如意寶珠,裝飾輝煌。畫面清晰的有蓮花觀、寶樓觀、水想觀等。

圖八〇　K20　十六觀局部（3）　南壁

　　坐於蓮花座的禪觀僧前面有水池，池中有兩隻水鳥。兩枝盛開的蓮花由池中伸出，每朵蓮花上置一角柱形寶珠，寶珠周圍發出火焰。

圖八一　K20　十六觀局部(4)　南壁

圖八二　K20　十六觀局部(5)　總觀想(也叫寶樓觀)、寶池觀　南壁西端中層

《觀無量壽經》曰:"衆寶國土,一一界上,有五百億寶樓,其樓閣中,有無量諸天,作天伎樂。又有樂器懸處虛空,如天寶幢,不鼓自鳴。"該幅畫面的右側繪一比丘靜坐禪觀,左側畫一寶樓,有箜篌、曲頸琵琶等樂器懸處空中"不鼓自鳴",與經文內容完全吻合。也類似於敦煌壁畫現存最早的觀經變431窟的"寶樓觀"圖。

寶池觀分上、下兩段,每段下端帶狀水池中生長出兩棵樹。可看到池子上緣部有表示水邊痕跡的平行斜綫紋。有趣的是樹的輪廓呈圓形,兩棵樹之間有蛇行水流上下彎曲,似連接兩棵樹。這種表現與正壁右下部所見相同,蛇形帶與下端水池同樣,有表現水流之意的漩渦紋,其色為淡青色。表現在樹木間的獨特的水流形式,與正壁的觀想圖相同。可能與《觀經》"八功德水想(寶池觀)"中講的摩尼水追逐於上下樹木間,其流動聲形成佛法的微妙曲調也有關。該區畫的禪觀僧已脫落,但無疑表現了《觀經》中所講的觀想寶池觀中的摩尼水流。這種表現極其特異,至少在克孜爾、敦煌難以找到類似之例。另外,該區畫最下方表現出看似供養人的女性人物的上半身像。

図八三　K20　十六觀局部(6)　寶樹觀　南壁

　　禪觀僧前面有長方形水池,水池中生長一棵樹木,樹冠上角柱形寶珠呈十字形,十字形間配四朵盛開的大蓮花紋。池中表現漩渦狀水波紋與水鳥,樹干左右發出葉狀火焰。樹冠上方左右也有火焰升起。該觀想圖主要表現池中生長寶樹。榜題框内墨書榜題:"(行)者觀□寶樹上七重網一一網間有……"與《觀無量壽經》第四觀的"樹想"中有幾處對應:"妙真珠網,彌覆樹上,一一樹上,有七重網。一一網間,有五百億妙華宫殿,如梵王宫。"

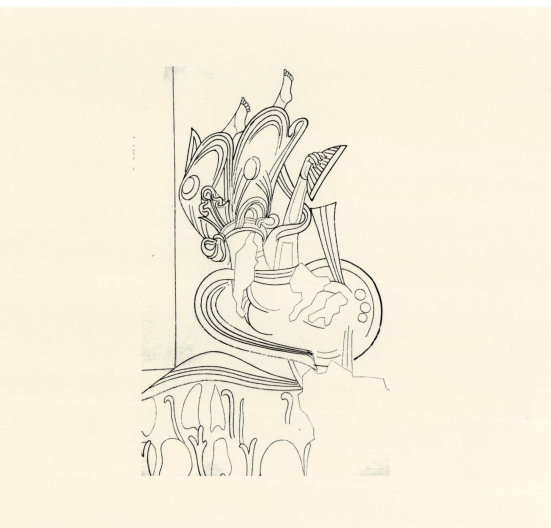

圖八四　K20　十六觀與飛天(1)　南壁
　　十六觀想圖上方是繪於窟頂南坡的三身飛天及星相圖。此身飛天束髮無冠,上身裸體,披帛,
右手持鉢,着短裙,赤足,輕盈地於虛空中飛舞。凹凸法暈染,追求肌肉的結構美。

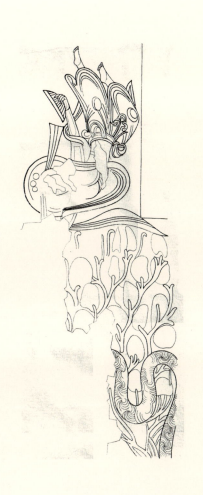

圖八五　K20　十六觀與飛天(2)　南壁及窟頂南坡

　　此身飛天右手持鉢自上降下。其下方畫大樹,右下角表現一禪定僧人(見宮治昭《吐峪溝石窟壁畫與禪觀,圖 30)。

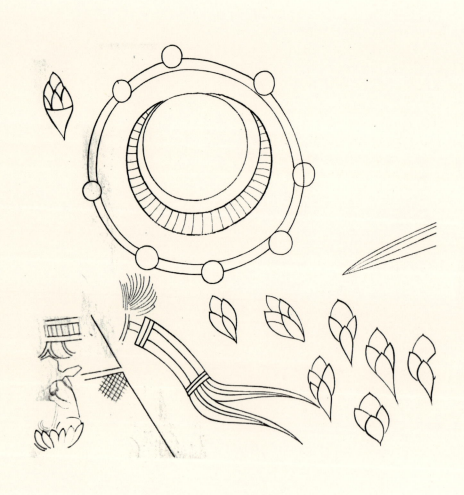

圖八六　K20　星相圖　頂壁

　　該幅壁畫位於左側壁靠近入口處的第三身飛天的前方，以圓形爲中心的月牙兒圖形周圍是由似星星的小圓點連成的圓環，大概表現了月亮。靠近正壁，可能是與此相對的太陽圖案。在克孜爾第38、118窟的天象圖中能夠看到同樣的日月形。

圖八七　K20　須摩提女緣品·赴會弟子局部(1)　北壁

　　此幅畫面上共繪四身赴會弟子。上面兩身分別乘金翅鳥、有翼馬;下面一身坐於蓮座上;另一身殘破,身旁流雲增加了動勢。

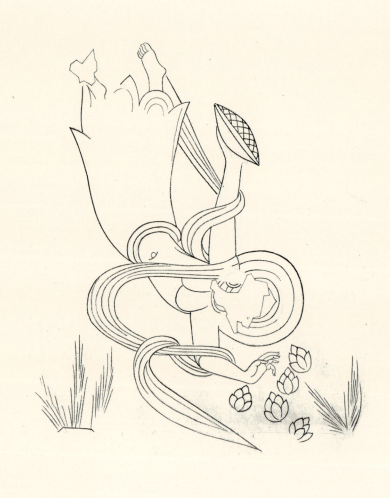

圖八八　K20　飛天　北壁

　　此幅畫面中的飛天,軀體彎曲,飄逸的天衣掛於兩臂。右手托盤,左手撒花。俯身下飛,極富運
動感。人體、衣紋之瀟灑的輪廓綫、臉譜的描繪法等與南壁飛天的描繪如出一轍。

圖八九　K20　須摩提女緣品・赴會弟子局部(2)　北壁

　　禪定僧結跏趺坐於金翅鳥上。右肩與左腿似出流水，左肩與右腿發出火焰。金翅鳥前方畫蓮花，蓮花上有發火焰的角柱寶珠，蓮莖出自禪定僧手。

圖九〇　K20　須摩提女緣品・赴會弟子局部(3)　北壁
結跏趺坐於兩頭有翼馬上的禪定僧,與前幅禪定僧同樣發出水與火。

圖九一　K20　須摩提女緣品‧赴會弟子局部(4)　北壁
禪定僧結跏趺坐於蓮座上，着通肩式袈裟，肩部、腿部有水和火紋。

圖九二　K20　須摩提女緣品・赴會弟子局部(5)　北壁

圖九三　K20　須摩提女緣品・赴會弟子、飛天(6)　北壁

　　《須摩提女緣品》故事見圖七三説明,此不贅述。畫面與南壁相對,構圖相似。上面兩層繪赴會弟子,或乘仙禽,或坐蓮座,身旁流雲增加了動勢。下層畫面殘缺。相對於南壁上層,殘存畫面中有一幅可清晰地看出繪的是比丘坐牛背蓮座上,在虛空中賓士,表現的也是赴會弟子。這是由於佛和弟子淩空飛來,於是同飛天一起繪在窟內上方,形成一種立體空間感。窟內上方仿佛是飛天翱翔、弟子飛行的天空。

吐峪溝西區禮拜窟 1

圖九四 禮拜窟 1 祥雲、蓮花、火焰

圖九五　禮拜窟 1　比丘誦經圖局部(1)

圖九六　禮拜窟 1　比丘誦經圖局部（2）

圖九七　禮拜窟 1　菩薩(1)

圖九八　禮拜窟 1　菩薩(2)

圖九九　禮拜窟 1　菩薩（3）

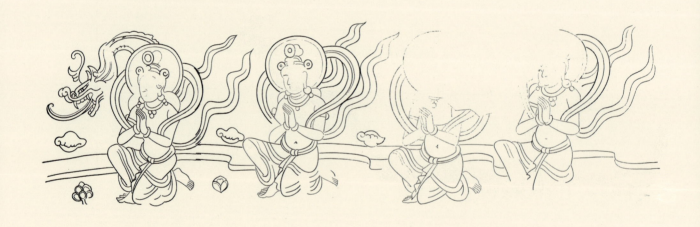

圖一○○　禮拜窟 1　菩薩(4)

吐峪溝西區禮拜窟 2

圖一〇一　禮拜窟 2　天神(1)

　　此尊畫像繪於石窟門道右側處,頭部及上半身殘缺嚴重,身着交領寬袖拽地長袍,領緣和袖口均爲藍色,袖口内面爲紅色,下擺外撇呈喇叭形,腳蹬雲頭鞋。雙手托盤立於覆蓮座之上,托盤内有發出火焰的寶珠,滿身貼金箔。身後臥一吐出長舌的狼。這種"褒衣博帶"的服裝樣式是漢文化與少數民族文化交流的見證。

圖一〇二　禮拜窟 2　天神（2）

　　此尊畫像繪於石窟門道左側處，頭部及上半身殘缺嚴重。身着窄袖藍色長袍，袍邊紅色，上搋小鈴鐺，右手持寶劍；下身着白色束腿褲、外罩邊飾花瓣樣白裙，腳蹬短靴，靴底有燃燒的火焰，腳下立有三個陶罐。

圖一○三　禮拜窟 2　菩薩(1)　石窟前壁右側

　　此尊菩薩頭戴花蔓寶冠，細眉長目，雙耳垂肩，面容豐滿，神情平靜而優雅，身披帔帛，着短裙，雙腿相交坐於仰蓮花座上，雙臂置於雙腿之上，仿佛沉浸在聆聽佛祖宣講佛法的快樂之中。寶冠及項鍊、釧飾均貼金箔。

圖一〇四　禮拜窟 2　菩薩(2)　石窟前壁左側

圖一〇五　禮拜窟 2　菩薩(3)

後　　記

　　本圖集作爲吐魯番學研究叢書之一——《高昌石窟壁畫綫描集》中的一部分，原計劃於 2015 年出版，但由於機緣未成熟，叢書出版計劃擱淺，耽延至今。雖事出意外，不無遺憾，但一年多的耽延卻爲我們留足了充分的資料收集、綫稿繪製的時間，我們纔得以從容不迫地不斷添加新資料，充實書稿内容，使其日臻完善。

　　本書也是吐魯番學研究院技術保護研究所和考古研究所的徐東良、陳玉珍、王龍、趙陽、國豪、路瑩、李媛、瑪爾亞木·依不拉音木、王麗梅、鄧永紅、買爾旦·克依木、孫磊、哈斯也提·艾代吐力、劉耐冬、舍秀紅、張海龍等人員共同協作的成果，正因大家齊心協力，纔使各項工作得以順利進行。

　　本圖集出版之際，我們要向長期關心、支持我們工作的敦煌研究院楊富學研究員致以誠摯的謝意！楊先生不僅在百忙之中審閲全稿，提出建議，又應邀撰寫序言，向讀者推介，爲本書增色甚多。在此，還要感謝吐魯番學研究院的陳愛峰副研究員，在本書的編寫中，他給我們提供了很多新的思路、方法，傾注了大量的心血，在此深表謝意。還要感謝對我們的工作給予大力支持的各位領導、同事，正是因爲有他們無私的付出和大力支持，纔能使圖集順利出版。

吐魯番學研究院技術保護研究所

2017 年 2 月 18 日

圖書在版編目（CIP）數據

高昌石窟壁畫綫描集. 吐峪溝石窟／吐魯番學研究
院，吐魯番博物館編著.—上海：上海古籍出版社，
2017.5
　ISBN 978－7－5325－8409－3

　Ⅰ.①高… Ⅱ.①吐… ②吐… Ⅲ.①高昌（歷史地名）
—壁畫—白描—畫册 Ⅳ.①K879.412

中國版本圖書館 CIP 數據核字（2017）第 070370 號

高昌石窟壁畫綫描集·吐峪溝石窟

吐魯番學研究院　　編著
吐魯番博物館

上海世紀出版股份有限公司
上海古籍出版社　出版
（上海瑞金二路 272 號　郵政編碼 200020）

　（1）網址：www.guji.com.cn
　（2）E－mail：guji1@guji.com.cn
　（3）易文網網址：www.ewen.co

上海世紀出版股份有限公司發行中心發行經銷
上海麗佳製版印刷有限公司印刷
開本 889×1194　1/16　印張 9.25　字數 100,000
2017 年 5 月第 1 版　2017 年 5 月第 1 次印刷
印數：1—1,500
ISBN 978－7－5325－8409－3
K·2316　定價：88.00 元
如有質量問題，請與承印公司聯繫